*Als Anna morgen
mit dem dreibeinigen
Zwerg auf seinem
Regenbogen
davonflog*

Als Anna morgen mit dem dreibeinigen Zwerg auf seinem Regenbogen davonflog

von

Niklas Frank

Eigenverlag Brigitte Frank unsel. Erben

Der pitschnasse Regenbogenzwerg

Da war er wieder, der Regenbogen! Und dieses Mal endete er genau hinter der Gänsewiese! Endlich!
»Jetzt krieg ich dich, du Zwerg!« jubelte Anna und lief aus der Küche raus über den Hof.
Schon seit ihrer frühesten Kindheit wusste sie, dass auf jedem Regenbogen ein Zwerg sitzt, und der sollte sie auf eine große Abenteuerreise mitnehmen.
Anna sprang über den Zaun auf die Gänsewiese. Die Gänse flatterten aufgeregt schnatternd zur Seite. Der Ganter allerdings zischte Anna böse an. Sie gab ihm eine Kopfnuss auf den Schnabel und lief weiter. Ganz fest behielt sie dabei das Ende des Regenbogens im Blick.
Natürlich wussten ihre Eltern von Annas Traum.
»Annerl, du bist doch so ein kluges Mädel«, murrte ihr Vater, der Assenbauer. »Wieso glaubst ausgerechnet du an einen depperten Regenbogenzwerg?«
Ihre Mutter machte sich sogar lustig: »Aber heiraten tust ihn mir nicht, diese Rotznase von Zwerg, wenn du ihn je erwischst!«
»Genau«, setzte der Vater hinzu, »der Wicht kann ja nur dein Knie küssen.«

Sie lachten, und Hanna sagte: »Wenn ich mit ihm auf seinem Regenbogen um die Welt segeln kann, darf er sogar meine Hand küssen!«
Kurz, bevor Anna die Stelle erreichte, wo der Regenbogen den Wiesengrund erreichte, verlangsamte sie ihr Tempo. Vorsichtig setzte sie einen Fuß vor den anderen. Dann hörte sie etwas. Eine menschliche Stimme., allerdings eine sehr krächzende. Wie die ihres uralten Opas. Vor allem aber klang sie sehr wütend. Sehen konnte sie den Schimpfbold nicht. Anna pirschte sich näher heran. Jetzt konnte sie die Worte verstehen, die dieses unsichtbare Wesen irgendwo im Gras von sich gab: »Verflixt noch eins! Diese verdammichte Nässe! Das ist ja zum Salathauben schießen! Du blinder Regenbogen! Hättest du nicht auf was Trocknem landen können? Jajaja, ich weiß, bunt sein ist das Schönste, du eitles Himmelsgespinst! Aber warte nur, einmal mache ich dir in deine Farben einen ganz dicken Knoten, Teuflnocheins!«
Anna war nun ganz nah, kniete sich im Gras nieder und schaute neugierig zwischen den Halmen umher, um zu entdecken, wer oder was dort so wütend zeterte.
»Glotz nicht so«, fuhr sie da die Stimme aus dem Gras an. »Hast wohl noch nie gesehen, wie man sich abtrocknet?«

»Aber … ich kann dich … ja gar nicht … sehen«, stotterte Anna, total erschrocken.
Als Antwort hörte sie nur ein höhnisches Lachen: »Das möchtest du wohl! Aber das kannst du nur, wenn ich es will. Und ich will nur, wenn du dumme Gans erstens sagst, dass ich der schönste Regenbogenzwerg bin, den du je gesehen hast und zweitens...«
Was Anna überhaupt nicht leiden konnte: beschimpft zu werden! Ihr Schrecken wurde zu Zorn. »Spinnst du? Ich bin doch keine Gans!«, unterbrach sie den Unsichtbaren: »Ob du der Schönste bist, kann ich doch erst sagen, wenn ich dich gesehen habe.«
Sofort war der unsichtbare Zwerg eingeschnappt und greinte: »Ich bin alles andere als ein Spinner! Aber bitte, wie das Fräulein zu meinen pflegen. Ist ja so ein schlaues Menschenkind, weiß ja alles besser! Du hast also schon andere Regenbogenzwerge gesehen, he?«
»Nein, noch nie!«
»Aha«, belferte die Stimme, »aber von vornherein dagegen sein! Wenn du also noch nie einen Regenbogenzwerg gesehen hast, kannst du doch gefälligst sagen, dass der einzige, den du – vielleicht! – gleich erblicken wirst, der schönste Regenbogenzwerg ist, den du je gesehen hast!«
Anna blieb stur: »Dein blödes Getue geht mir gewaltig

auf den Keks!«

Jetzt schwieg es zwischen den Grashalmen. Anna merkte, dass sie zu weit gegangen war. »Ich Tussi«, dachte sie, »dabei sehnte ich mich doch immer nach dem Regenbogenzwerg!«

Sie gab sich einen Ruck und säuselte mit sanfter Stimme zwischen die Halme: »Also gut: Du bist der schönste Regenbogenzwerg, den ich je gesehen habe!«

»Du schwindelst«, kam es zwischen den Grashalmen zurück, »obwohl du noch nie einen Regenbogenzwerg gesehen hast, behauptest du, dass ich der schönste bin!«

»Aber...« Anna wusste nicht, was sie jetzt sagen sollte. Das unsichtbare Wesen konnte es offensichtlich genau in ihrem Gesicht sehen, denn gleich krächzte es höhnisch aus dem Gras:

»Wie jetzt du
guckt die Kuh,
wenn sie dumm ist
und aus Versehen Mist
frisst«

Danach stimmte das unsichtbare Wesen ein meckerndes Lachen an. Jetzt wurde Anna wieder zornig. Sie stand auf und rief zu dem dichten Grasbüschel hinunter: »Jetzt reicht's mir! Du bist sicher so voll hässlich,

dass du dich gar nicht zeigen willst!«
Sie streckte dem Grasbüschel die Zunge raus.
Da hörte sie von unten ein langgestrecktes, mehrmaliges »Oha! Oho! Ohaoho! Jetzt bist du zu weit gegangen! Knie' nieder!«
»Nein!«, antwortete Anna trotzig.
»Doch«, befahl die Stimme.
»Nein!«
»Mein liebes Kind, gleich verblasst mein Regenbogen, dann gibt es mich nicht mehr. Wenn du also den schönsten aller Regenbogenzwerge sehen willst, knie dich geschwind hin. Ich zähle bis drei: Eins, zwei, drrrrr...«
Das hielt Anna nicht aus: Bevor der Regenbogenzwerg »drei« gesagt hatte, kniete sie im nassen Gras.
»Na endlich«, ließ sich die Stimme zufrieden vernehmen, »jetzt wirst du wenigstens auch nass!« Ein schadenfrohes kratziges Lachen ertönte.
Anna zog dem Grasbüschel eine Schnute.
Das unsichtbare Wesen fuhr fort: »Aber du kannst mich so lange nicht sehen, bis du, wie schon ausgemacht, erstens sagst, dass ich der schönste Regenbogenzwerg bin, den du je gesehen hast…«
»Das ist ja sowas von krass«, unterbrach ihn Anna, »also ok: Du bist …«

»Halt! Ich bin noch nicht fertig! Du musst mir ein Stück deines Ärmels geben, damit ich mich abtrocknen kann. Das habe ich wieder einmal diesem sturen, völlig falsch gelandeten Regenbogen zu verdanken.« Dann stöhnte die Stimme: »Einmal in der heißen, trockenen Wüste landen – mein Traum!«
»Wie soll ich das denn machen mit dem Shirt?« fragte Anna ein wenig ratlos.
»Wie soll ich das denn machen...«, äffte es giftig zurück. »Du reichst mir halt deinen Ärmel ins Gras! Daran kann ich mich abtrocknen. Anna legte ihren rechten Arm ins Gras.
»Nein, nein: den linken Ärmel! Ich bin doch Linkshänder. Dass einem nichts erspart bleibt, dammich, dammich, ja, so ist's recht.«
»Das ist richtig bescheuert!«, murmelte Anna. Sie drückte ihren linken Arm ins nasse Gras. Schon spürte sie ein Zupfen. Der Stoff bewegte sich. Sonst konnte sie nichts sehen, aber hören konnte sie ein sehr behagliches Grunzen.
»Wo bist du denn?« fragte sie.
»Erst musst du den Satz über meine Schönheit sagen!« kam es zurück.
»Ich glaub', du bist nichts weiter als ein quakelnder Regenwurm«, höhnte Anna. »Oder bist du erst fünf

Jahre alt?«
»Du wirst dich wundern«, lachte der Zwerg. Er ließ Annas Beleidigungen an sich abprallen. »Du sollst nur sagen, dass ich der schönste... naja und so weiter. Ohoh, ich merke, die Farben werden schwächer, der Regenbogen wird blass. Gleich starte ich wieder.«
Da beeilte sich Anna und sagte ganz schnell wie in einem Wort: »Du bist der schönste Regenbogenzwerg, den ich je gesehen habe!«
Jetzt geschah das Wunder, jetzt sah sie, wie zwischen den Grashalmen ganz langsam etwas Gestalt annahm. Und was für eine: ein winzig kleines Gesichtchen unter einer riesigen spiegelblanken Glatze, die sich der Regenbogenzwerg gerade mit dem Ärmelzipfel von Annas Shirt polierte. Eitel lächelnd sah er zu ihr hoch. Was ihm auf dem Kopf fehlte, wuchs ihm stattdessen als riesiger Bart rund um Kinn, Wangen und Hals.
»Wow«, staunte Anna. Die Barthaare schillerten in allen Regenbogenfarben. Und darunter? Waren das Hemd und Hose oder etwa seine Haut? Wie Lack glänzte sein Körperchen. Flirrende Farben umglitzerten seine zwei Arme, das Bäuchlein und die drei kurzen Beinchen.
»Drci Beine!« flüsterte Anna total aufgeregt. »Das ist doch gegen die Natur!«

»Ach, Anna, was wisst ihr Zweibeiner schon von der Natur!«
Anna sah ihn mit ihren großen Augen an: »Woher kennst du meinen Namen?«
»Pah«, antwortete der Regenbogenzwerg spöttisch. »Ich kenne alle Kinder auf dieser Erde und dich besonders, weil du mir immer hinterherjagst. Das hab ich so was von dick!«
»Drei Beine!«, stammelte Anna wieder. »Und so bunt!«
Ein bisschen eitel nickte der Regenbogenzwerg und ließ Annas Shirtzipfel los.
»So«, sagte er und verschränkte dabei seine Arme vor der Brust. »Jetzt weißt du, wie wunderschön ich bin. Dich finde ich dagegen lächerlich, das muss ich schon ehrlich sagen. So käsig und nur zwei Beine! Wie könnt ihr Menschen nur darauf stehen und gehen? Seit hunderttausenden von Jahren wundert mich das!«
Der Regenbogenzwerg schüttelte verächtlich seinen bunten Kopf.
Anna ließ ihn reden, wie und was er wollte. Sie hatte sich platt auf den Bauch ins nasse Gras gelegt, den Kopf in beide Hände gestützt und staunte den Winzling an. So ein merkwürdiges dreibeiniges Etwas!
Der farbenprächtige Zwerg betrachtete sie seinerseits, beinahe auf Augenhöhe. »Nun ja«, räusperte er sich,

»du hast heitere Augen. Sie erinnern mich an Olveda, ein Hirtenmädchen, das ich mal vor dreihundert Jahren in Griechenland kennengelernt habe. Die hatte zwar auch nur zwei Beine, aber deine großen Augen.«
Er schüttelte den Kopf, wobei aus seinem Bart viele bunte Tropfen fielen. Er sah an sich herab und schimpfte wieder los: »Ich hab ja nasse Schuhe! Du bringst mir jetzt sofort Schuhe! Nicht irgendwelche Latschen, sondern deine Lackschuhe und einen deiner Turnschuhe.«
Anna schaute auf seine winzigen Füßchen: »Meine Schuhe sind dir viel zu groß!«
»Das lass zum Kuckuck meine Sorge sein, ich wachse überall rein!«, polterte der Zwerg.
Anna lachte zweifelnd.
Jetzt aber stieg in ihr auf, was sie sich schon so lange gewünscht hatte: »Du kriegst meine Schuhe nur, wenn du mich auf deinem Regenbogen mitnimmst.«
Der Regenbogenzwerg staunte: »Du bist ja wirklich so frech, wie deine Eltern immer behaupten.«
»Meine Eltern kennst du auch?« fragte Anna verwundert und wurde auf einmal mutig: Sie hob den winzigen Dreibeiner mit beiden Händen vor ihr Gesicht.
»Ich weiß alles über euch Zweibeiner. Deswegen bin ich auch oft so traurig.«
»Du bist ja wohl der kleinste größte Angeber, dem ich

je begegnet bin«, lachte Anna und stand auf.
»Lass mich sofort runter«, protestierte der Zwerg aufgeregt krächzend.
»Nein«, sagte Anna und schüttelte energisch den Kopf. »Wenn du mich nicht mitfliegen lässt, nehm' ich dich mit zu mir. Dann verfault dein Regenbogen.«
Merkwürdig: Der Zwerg reagierte gar nicht weiter wütend, sondern grinste Anna plötzlich an und sagte: »Versuch's doch! Trag mich fort! Ich werde jetzt gleich so schwer wie euer Gänserich dort hinten auf der Wiese.«
Anna glaubte ihm nicht und lachte wieder – dann allerdings nicht mehr: Der Regenbogenzwerg wurde plötzlich noch viel schwerer als der Ganter, eher wie die 50-Liter-Milchkanne im Stall ihrer Eltern. Sie ließ ihn los. Der Regenbogenzwerg plumpste auf seinen Hosenboden ins Gras: »Elefantenkacke«, greinte er, »jetzt hab ich auch noch einen nassen Po!«
»Boah!« ließ Anna ihr Erstaunen raus, »das wollte ich nicht. Aber wenn du so schwer wirst…«
»Papperlapapp«, unterbrach sie der Regenbogenzwerg, »Ich will jetzt deine Schuhe. Meinen Po hab ich gleich wieder trocken.« Er griff sich aus dem Farbenbündel des um ihn schillernden Regenbogens den Strang in Rot, hielt ihn sich an den Allerwertesten, kurz zischte

es, und seine bunte Hose war wieder trocken.
Anna staunte über seine Zauberkünste: »Das ist ja voll cool! Du hättest meinen Ärmel gar nicht gebraucht.«
»Doch! Auf meiner empfindlichen Gesichtshaut brennt Rot zu sehr.«
»Meine Güte, bist du empfindlich.« Anna musste wieder lachen.
»Schuhe her«, forderte der Regenbogenzwerg, »sonst flieg ich in einer Sekunde davon!«
Doch er hatte nicht mit Annas Entschlossenheit gerechnet: »Du kriegst meine Schuhe nur, wenn du mich mitnimmst! Basta!«
Der Regenbogenzwerg polterte: »So eine Göre wie dich hab ich ja noch nie erlebt!«
Anna wusste, dass es ums Ganze ging. Sie wandte ihre Geheimwaffe an: Innerhalb von Sekunden konnte sie Tränen aus ihren Augen fließen lassen. Damit kriegte sie auch immer ihre Eltern rum. Schon glitzerten erste Tröpfchen auf ihren Wangen. Dazu bettelte sie schluchzend: »Bitte, bitte, lieber Regenbogenzwerg, nimm mich mit!«
Ihre falschen Tränen kullerten. Sie hoffte, dass der Regenbogenzwerg ihren Trick nicht durchschaute. Was sie nicht wusste: Sie hatte seine schwache Seite getroffen. Der hatte auch sofort Tränen in den Augen.

Nur noch schwach trotzte er: »Wenn ich etwas nicht leiden kann, sind es weinende Kinder. Also her mit den Schuhen und rauf auf meinen Regenbogen!«
»Danke«, kam es aus Annas tiefstem Herzen, »du bist eine Wucht!«
Sie lief los und hörte hinter sich die Stimme des Regenbogenzwergs: »Aber es wird nur ein ganz, ganz kurzer Flug!«
Anna polterte in ihr Zimmer, riss ihre Lackschuhe aus dem Schrank, blieb kurz vor dem Schreibtisch stehen und schrieb hastig auf einen Zettel: *Ich geh auf Reisen mit dem Regenbogen. Der Regenbogenzwerg hat mich eingeladen. Es gibt ihn doch!!!! Lasst euch knutschen, eure Anna.*
Beim Wegrennen schlang sie noch blitzschnell ihre schöne Halskette mit dem großen Opal um den Hals.
Schon lief sie in Windeseile die Treppe runter, stoppte aber scharf vor der Haustür ab: Der Regenbogenzwerg hatte ja *drei* Beine und wollte einen ihrer Turnschuhe. Aber die lagen oben in ihrem Zimmer. Ach was, dachte sie und griff sich als dritten Schuh einen von Papas klobigen Holz-Clogs. Sie rannte weiter, verpasste auf der Gänsewiese dem wütend zischenden Ganter eine weitere Kopfnuss auf den Schnabel, also einen Schnabelkuss und entdeckte mit Schrecken, dass die Farben

des Regenbogens immer schwächer wurden. Noch schneller lief sie jetzt, denn von Ferne drängte auch der Regenbogenzwerg: »Komm endlich, Anna, mein Regenbogen muss los!«
Schon über einen Meter über dem Gras saß der kleine Wicht in den verblassenden Farben.
»Da komm ich nicht mehr rauf«, jammerte Anna außer Atem.
»Gib mir deine Hand!«, rief der Regenbogenzwerg und streckte ihr sein Ärmchen mit der noch winzigeren Hand entgegen. Anna ergriff sie, und mit einem kräftigen Ruck zog sie der vielfarbige Winzling auf die Farben hinauf. Anna staunte schon wieder: Das ist ja wirklich ein Wunderzwerg!
»Hier«, sagte sie, warf ihm ihre Lackschuhe und Vaters Holz-Clogs vor die drei klitzekleinen Füßchen, die noch in drei total durchnässten Lederschühchen steckten. Jetzt erst sah sie sich verdattert auf dem Regenbogen um: »Das sind ja lauter Farben, die ich noch nie gesehen habe!«
»Tja«, sagte der Zwerg, »ihr Zweibeiner seid eben zu eng in Kopf und Herz. Deswegen könnt ihr nur so wenige Farben in eurem Leben sehen.«
»Das versteh ich nicht«, antwortete Anna mit einem Stirnrunzeln, schaute nach unten und stieß einen Ju-

belschrei aus. Denn schon schwebte sie hoch über dem Bauernhof ihrer Eltern.

Anna wirft mit Schuhen

»Juhu!« rief sie begeistert, »ich hab's geschafft! Ich hatte recht! Es gibt ihn doch, den Regenbogenzwerg!« Unten auf der Erde entdeckte sie in diesem Moment ihren Freund.

»Emmeran«, rief sie so laut sie konnte und winkte ihm zu.

Emmeran schaute nach oben, blieb vor Schreck wie angewurzelt stehen, machte riesenweit seinen Mund auf und plumpste erschrocken auf den Kiesweg.

»Das ist mein Freund Emmeran«, rief Anna dem Regenbogenzwerg zu und sah, dass der gerade seine nassen drei Lederschuhe abstreifte.

»Zwei lächerliche Lackschuhe und ein grober Holzbottich«, schimpfte er dabei und untersuchte grummelnd den Holzschuh von allen Seiten. Die eigenen drei Schühchen, die vor Nässe trieften, hatte er neben sich gelegt. Sie schaukelten auf der Farbe Grün. Blitzschnell ergriff Anna sie und warf sie runter zu Emmeran.

»Herrjeh«, plärrte der Zwerg, »das darfst du nicht machen!«

»Zu spät«, grinste Anna und sah, wie Emmeran zu den Schuhen lief und sie verwundert aufhob.

»Das waren meine Lieblingsschuhe«, schimpfte der Zwerg weiter, »die waren wie neu, die trug ich erst seit 70 Millionen Jahren.«
Anna kümmerte sich nicht um ihn, sondern winkte noch einmal ihrem Freund zu und schrie: »Emmeran, sag meinen Eltern, dass ich gleich wieder daheim bin und dann ganz bestimmt die Hausaufgaben fertigmache.«
Emmeran glotzte nur stumm nach oben, noch immer starr vor Schreck. Dann lief er, die drei Schühchen wie einen Schatz an die Brust gepresst, auf Annas Elternhaus zu.
»Du hast ja an jedem Fuß zwei große Zehen und sieben kleine«, staunte Anna über die drei nackten Füße des Regenbogenzwergs. »Das sind ja zusammen 25 Zehen!«
»27, um genau zu sein. Kriegst du auch, wenn du wie ich seit Ewigkeiten zwischen den verflixten Farben rumkraxeln musst.«
Er zog sich jeweils rechts und links einen Lackschuh an und stülpte den klobigen Holzschuh über seinen mittleren Fuß.
Anna lachte los: »Die sind doch alle viel zu groß!«
»Abwarten«, grinste der Zwerg, nahm den Lila Farbstrang und strich damit sanft über die Menschenschu-

he. Anna konnte es kaum fassen, denn die Riesendinger passten sich, immer kleiner werdend, seinen Füßchen an.
»Wow, du bist … ja wirklich … ein … Zauberzwerg«, stotterte Anna.
»Unsinn«, raunzte der Zwerg, »ich bin kein Zwerg, ich bin der Herrscher des Regenbogens.« Er stand auf, streckte seine Brust raus, setzte in Herrscherpose das mittlere Bein vor die beiden Beine rechts und links und rief: »Ich bin Zick Nick Nack Nobel Dibobel Dibibel Dibinka der Erste. Und der Letzte. Und der Schönste!« Auf Bewunderung wartend, sah er Anna an. Die lachte los, während der Fahrtwind ihre Haare flattern ließ. »Spinnst du? Soll ich dich wirklich dauernd so anreden: Zick Nick Nack Nobel Dibobel Dibibel Dibinka der Erste und Letzte und Schönste?«
Der Zwerg öffnete völlig verblüfft seinen Mund: »Das gibt's doch nicht! Du hast meinen herrlichen Herrschernamen gleich fehlerlos nachgesagt! Alle Achtung. Aber merk dir eines: Ich spinne nicht, und natürlich musst Du mich während unserer kurzen Reise mit vollem Namen und Titel anreden.«
Anna mochte Zick Nick Nack Nobel Dibobel Dibibel Dibinka den Ersten, Letzten und Schönsten inzwischen sehr. Aber ihn dauernd so anzureden, das wollte

ihr nicht in ihren Sturkopf, der ja von allen gefürchtet wurde. »Wie soll das denn gehen? Ich kann doch nicht zu dir sagen: »Zick Nick Nack Nobel Dibobel Dibibel Dibinka, du Erster und Letzter, ich hab dich lieb?«

Dabei schaute sie den Regenbogenzwerg mit Augen an, in denen schon wieder Tränen glitzerten. Dem wurde ganz warm ums winzige Herz. Er ließ sich ins weiche Blau sinken. Dieses kleine Biest hatte schon wieder einen wunden Punkt in seiner Zwergenseele berührt. Schon seit Millionen Jahren, in denen er auf seinem Regenbogen die Erde umrundete, hatte er sich nach ein bisschen Zuneigung gesehnt. Aber woher nehmen, wenn man immer nur allein über die Erde schwebt? Und jetzt hörte er von diesem Bauernmädel so einen schönen Satz. Er wischte sich eine Träne aus dem rechten Auge. Anna sah es nicht, denn sie schaute schon wieder neugierig nach unten, sah Felder, Häuser, Flüsse unter sich vorbeiziehen und entdeckte immer wieder Kinder, die dem Regenbogen nachliefen. Zick Nick Nack Nobel Dibobel Dibibel Dibinka beobachtete sie. Diese Anna hatte keine Flugangst. Alle anderen Kinder, die er mal mitgenommen hatte, fingen an zu weinen und gar zu schreien, wollten sofort zurück auf die Erde. Immer hatte er umgehend nachgegeben, den verängstigten Kindern beim Absetzen mit

seiner linken Hand über die Stirn gestrichen, wodurch sie ihr kurzes Reiseabenteuer für immer vergaßen.
»Schau mal, Binka, das ist doch München da unten! Die Frauenkirche!«
Zick Nick Nack Nobel Dibobel Dibibel Dibinka wollte sich diese Anrede verbitten, riss sein Mündchen auf, doch Anna kam ihm zuvor: »Lieber guter Zick Nick Nack Nobel Dibobel Dibibel Dibinka, von jetzt an nenne ich dich Binka, und wenn du nicht einverstanden bist, fange ich furchtbar an zu schreien und um Hilfe zu rufen, und du musst mich sofort an der Frauenkirche absetzen, und meine Eltern werden eine Riesenangst um mich haben und…« Anna fing warnend an loszuschluchzen.
»Ist ja recht«, besänftigte sie Zick Nick Nack Nobel Dibobel Dibibel Dibinka, »ich bin einverstanden.« Er konnte nicht umhin, Annas Selbstbewusstsein zu bewundern. Das kann ja heiter mit ihr werden, dachte er, aber die Reise wird eh nicht lange dauern. Oder doch? Irgendwie fühlte sich Zick Nick Nack Nobel Dibobel Dibibel Dibinka viel wohler, seit diese furchtlose Anna auf seinem Regenbogen mitflog.
»Bitte, lieber Binka, du musst den Regenbogen genau auf den zwei Turmspitzen der Frauenkirche aufsetzen.«

»Nein«, antwortete Binka, »so etwas habe ich noch nie gemacht.«
»Probier's doch«, bettelte Anna.
»Nein, das darf ich nicht«, sagte Binka und schüttelte energisch sein Köpfchen.
Anna ließ nicht locker: »Wer sagt das denn? Der liebe Gott?«
Jetzt schaute Binka sie sehr ernst an: »Das, was hinter dem Weltraum beginnt.«
»So ein Mumpitz«, lachte Anna, »der Weltraum ist doch unendlich.«
Binka hob ernst seinen linken Zeigefinger: »Denk doch mal nach: Selbst hinter dem unendlichen Weltraum muss es etwas geben.«
Anna dachte nach. Es fröstelte sie, und sie murmelte nur noch ein leises »Hm…«
Dann hatte sie eine Idee. »Wenn das so weit weg hinter dem Weltraum ist, kannst du doch locker deinen Regenbogen auf die zwei Türme aufsetzen. Das merken die hinter dem Weltraum doch erst in ewig und drei Tagen!«
»Hast du eine Ahnung!«, spottete der Zwerg.
Anna schaute ihn bittend an: »Kannst du denn deinen Regenbogen nicht selbst lenken?«
»Nein.«

Anna wurde trotzig: »Das ist aber schwach!«
»He«, protestierte Binka, »werd nicht frech!«
»Werd ich gar nicht. Ich denke nur, wenn du Schuhe klein zaubern kannst, kannst du auch lenken.«
»Hm«, murrte Binka. Er war hin- und hergerissen. Warum ließ er sich von dieser Anna so drängen? Wollte er ihr am Ende imponieren?
Er räusperte sich. »Also gut. Ich probier's mal. Obwohl es total gegen alle Naturgesetze ist! Ich warne dich. Ich hab das noch nie probiert.«
Dazu schüttelte er sein buntbärtiges Köpfchen und dachte: Was die hinter dem Weltraum zu mir sagen werden! Am Ende nehmen sie mir den Regenbogen weg! Ach was, gab er sich einen Ruck und griff sich verschiedene Farbstränge. »Bist du bereit, Anna?«
»Aber klar«, lachte Anna fröhlich und krallte sich an Braun und Grün fest.
»Nein, nein«, rief ihr Binka zu. »Wer nimmt denn zum Festhalten Braun und Grün? Du musst – da, links von dir – Kaputzel nehmen, die Farbe aus Sternenglut mit Kartoffelpuffern. Und dann noch Wirtig, die aussieht wie Ehrgeiz in Essiggurken. Das sind die besten Sicherheitsgurte auf meinem Regenbogen, wenn's stürmt.«
Anna griff sich Sternenglut mit Kartoffelpuffern, dazu

Ehrgeiz in Essiggurken und schlang sie sich um Brust und Bauch. Solche Farben hatte sie in ihrem Leben noch nie gesehen.

»Aua«, rief sie und bog Wirtig wieder von ihren Schultern weg.

»Was ist denn jetzt schon wieder, Anna?«

»Deine Ehrgeiz in Essiggurken Farbe kratzt!«

»Du gewöhnst dich dran. Los jetzt! Anschnallen oder es gibt keine Frauentürme!«

»Du dreibeiniger Sturkopf!« maulte Anna, »jetzt flieg schon los!«

Sie zurrte Wirtig wieder fest um ihre Schultern.

Wenn das mal gut geht, dachte Binka, riss energisch an ein paar Farbsträngen. Überraschendes passierte: Im Sturzflug ging es senkrecht auf die Erde zu.

»Halt dich fest, Anna!«, rief er aufgeregt. »Dammich, da hab ich was falsch gemacht.«

*

Unten auf der Erde zog die kleine Mia aufgeregt an der Hand ihres Vaters »Guck mal, Papa, der Regenbogen stürzt ab!«

»Blödsinn«, wehrte ihr Papa ab, »kein Regenbogen kann Sturzflüge…«

Er schaute nach oben, erstarrte und stotterte: »Das gibt's doch nicht! Ich hab doch nur zwei Bier getrunken!«

*

Oben fing Anna in Todesangst an zu jammern.
Binka hatte sich mit seinen drei Beinchen im Rot verkeilt und fluchte: »So ein Kladderadatsch! Diese blöde Steuerung!«
Der Wind heulte beiden um die Ohren.
»Wo ist denn Bitrerka, meine Lieblingsfarbe?«, rief er aufgeregt.
»Was ist das denn für eine Farbe?« rief Anna.
»Na, die da hinten, die wie große Wut in Ananas blitzt! Wütend werde ich jetzt auch gleich!«
Anna entdeckte Bitrerka und zog einen Strang zu Binka: »Da hast du deine große Wut in Ananas!«
Binka riss verzweifelt daran, drückte mit dem mittleren Bein gegen Blau und zog mit dem Spann des rechten Beins an Batistel, die wie Eifersucht, vermischt mit Spargelsalat, strahlte.
Auch das war falsch: Der Regenbogen schraubte sich steil nach oben. Anna hing immer wieder frei über der Erde, verkrampfte sich schreiend in ihren Haltegurten Kaputzel und Wirtig, wurde hochgerissen, herumgewirbelt, sah kurz darauf wieder die Erde rasend schnell näherkommen.
»Binka, hilf«, rief sie in höchster Not.
»Ich versuch's ja«, krächzte er, griff nun ins Jeppi.

Durch Jeppi beruhigte sich der Regenbogen und wölbte sich wieder in einem steilen Halbrund über München. Binka grunzte zufrieden: »Jeppi liebe ich ab sofort sehr. Diese herrliche Farbmischung aus blindem Vertrauen und heißem Bügeleisen besänftigt offenbar wilde Geschwindigkeiten.«
Zugleich breitete sich auf Binkas Gesicht von Glatze bis Vollbart eine Seligkeit aus, die er auch innerlich fühlte und die ihn stammeln ließ: »Ich habe die Gesetze der Natur überlistet! Erstmals in Ewigkeiten! Ich, Zick Nick Nack Nobel Dibobel Dibibel Dibinka, der Erste und Letzte, der Schönste und vor allem der Mutigste: Ich verändere die Welt!«
Anna lag blass auf Brupi, auch eine der Farben, die sie erst auf dem Regenbogen entdeckt hatte. Binka hatte ihr eingeschärft: »Du siehst doch ganz deutlich, Brupi gleicht Schneewittchen im Tiefschlaf mit Tomaten!«
Anna atmete heftig und hielt die Augen geschlossen.
»Ich will heim«, schluchzte sie.
»Das kann ich verstehen«, nickte Binka mitfühlend. Zum ersten Mal seit fast 300 Millionen Jahren bekam er wieder ein schlechtes Gewissen. Damals hatte er dieses merkwürdige elfbeinige, siebenarmige Wesen entdeckt. Es hatte keinen Kopf, sondern so etwas wie ein riesiges Ohr auf seinem Rumpf. Das Ohr war über

und über mit Augen besetzt. Das Wesen saß auf dem dampfenden Erdboden. Hinter ihm, dort wo gleich ein gewaltiger Sumpf begann, aus dem giftige Blasen blubberten, hatte das Raumschiff von einem fernen Planeten gestanden. Ein einziges, gewaltig hohes Rohr, gebaut aus gelb glitzerndem Material. Binka war mit seinem Regenbogen zufällig daneben gelandet. Seine elf Schuhe hatte das Wesen hinter sich gestellt und wusch seine vielen Füße in einem heißen Sprudelwasser, das aus der Erde zischte. Binka sah genauer hin. Von wegen waschen! Die elf Füße verschlangen im Wasser ein riesiges Lebewesen. So was zwischen Schlange und Affe, teils pelzig, teils schuppig.
Essen mit den Füßen, das hatte Binka auch noch nie gesehen. Irgendwie machte ihn das wütend. Vielleicht auch neidisch. Jedenfalls tippte er mit dem Ende seines Regenbogens die Spitze des Raumschiffs an. Das kippte um und versank langsam im Moor, wo es noch heute liegt. Allerdings nicht mehr in einem Sumpf, sondern unterhalb eines Wolkenkratzers inmitten einer lebendigen Großstadt.
Das schlechte Gewissen hatte Binka damals bekommen, weil der Vielfußfresser nach dem Untergang seines Raumschiffs traurig über die Erde geirrt war. Erst nach Tagen hat ihn ein anderes Raumschiff endlich

aufgenommen.
»Binka«, blaffte Anna, »Das war aber mega fies von dir!«
Jetzt erst merkte Binka, dass er seine Sünde gerade Anna erzählt hatte. Er sah zu ihr hin und war froh, dass sie sich inzwischen vom wilden Flug erholt hatte.
»Man frisst aber auch nicht mit seinen Füßen!«, verteidigte sich Binka.
Anna lachte. »Dein Elfbeiner gehörte gar nicht auf unsere Erde. Also kann er auch ganz andere Essgewohnheiten haben!«
Binka murrte Unverständliches, sagte zuletzt entschlossen: »So, jetzt fliegen wir nach Hause.«
Anna sah ihn trotzig an: »Erst will ich noch zu den Münchener Frauentürmen! Aber keine Flugkunststücke mehr!«
Irgendwie war der Zwerg glücklich, dass diese freche Göre doch nicht gleich wieder nach Hause wollte. Er lächelte und sagte: »Wie's die junge Dame befehlen!«
Hoffentlich kann ich die Naturgesetze noch einmal blamieren, dachte er beklommen. Sorgfältig griff er in die Farbstränge und schwupp, erleuchtete sein Regenbogen die zwei Türme des Münchener Doms in den herrlichsten Farben.
Anna klatschte begeistert in die Hände. »Binka, du bist toll! Schau mal, wie die Leute zusammenlaufen.«

Anna winkte begeistert nach unten und rief: »Ich bin die Anna! Es ist so schön hier oben!«
»Die können dich nicht sehen und nicht hören.« Binka schüttelte sein Köpfchen.
»Warum nicht? Emmeran hat mich doch auch gesehen.«
»Das war mein Fehler. Wird nicht wieder passieren«, flüsterte Binka.
Die Kinder winkten nicht zurück. Sie konnten Anna wirklich nicht sehen. Sie staunten aber wie die Erwachsenen, die in rasender Hast Fotos machten und mit ihren Handys filmten, weil das Ende des Regenbogens genau auf den beiden Frauentürmen ruhte.
»Jetzt reicht's«, sagte Binka und zog an der rosa und gelben Farbe zugleich, steuerte so den Regenbogen wieder nach oben.
Was ist nur in mich gefahren, fragte er sich und war verlegen. Ich kann mich doch nicht von diesem Zweibeinerchen zu solchen Kindereien anstiften lassen?
»Und wo fliegen wir jetzt hin, lieber, lieber Binka?«
Der Regenbogenzwerg prüfte das Wetter, nickte und sah Anna an: »Du wolltest nach Hause! Also fliegen wir nach Hause!«

Annas Vater und das verrückte Leder

Annas Mutter suchte schon zum zweiten Mal den Hof ab und rief immer wieder laut: »Anna, wo bist du?« Sie machte sich Sorgen. Jetzt rannte sie in Annas Zimmer und entdeckte den Zettel. Als sie ihn gelesen hatte, lachte sie und murmelte vor sich hin: »Meine geliebte Schwindlerin.« Sie nahm den Zettel und ging nach unten.

»Schau mal, Hans, was uns Anna wieder für einen Streich spielt.« Sie las ihrem Mann, der gerade seine Stiefel auszog, die Zeilen vor. Beide lachten.

»Wo ist denn mein zweiter Holzschuh?« fragte Hans und kramte zwischen den anderen Schuhen herum, die alle im Hausgang in einem Schuhbord aufgereiht standen. »Hast du ihn gesehen, Lena, Schatzerl?«

»Vorhin standen sie noch da«, zeigte sich das Schatzerl verwundert und lachte: »Den Holzschuh hat Anna sicher auf den Regenbogen mitgenommen.«

Jetzt musste auch Hans wieder lachen. Beide gingen ins Wohnzimmer, wo Lena den Kaffeetisch gedeckt hatte.

»Hans? Lena?« hörten sie von draußen eine Kinderstimme rufen. Schon klopfte es an die Wohnzimmertür,

»Komm rein, Emmeran!« rief Annas Vater, und Emmeran öffnete die Tür. Er hatte einen roten Kopf, schnaufte arg und zitterte ein bisschen.
»Was ist denn mit dir los?«, fragten Annas Eltern gleichzeitig, und Hans setzte hinzu: »Weißt du, wo Anna ist?«
»Die ist mit dem Regenbogen davongeflogen«, schnaufte Emmeran aufgeregt.
Annas Eltern lachten auf.
»Spinn nicht rum«, ermahnte ihn dann Hans.
»Anna muss doch noch ihre Hausaufgaben machen, also lass den Unsinn und hol sie aus ihrem Versteck«, fügte Annas Mutter hinzu.
»Aber sie ist wirklich mit dem Regenbogen davongeflogen«, beharrte Emmeran. »Sie hat mir noch vom Regenbogen runter gerufen, dass sie bald wieder zu Hause ist und dann ihre Hausarbeit fertig macht.«
Mit fester Hand stellte Annas Vater seinen Kaffeebecher auf den Holztisch, sodass es einen kleinen Knall gab. »Emmeran, das ist nicht mehr lustig!« Mit etwas lauterer Stimme fuhr er fort: »Zum letzten Mal: Wo ist Anna?«
Emmeran, der noch immer arg durcheinander war von dem, was er gesehen hatte, blieb stur: »Ehrenwort! Sie ist mit dem Regenbogen davongeflogen!«

Wütend stand Annas Vater auf, ging auf den Buben zu, packte ihn an den Schultern und schüttelte ihn: »Du verlogener Rotzbub, aus dir werde ich die Wahrheit schon rauskriegen!«

»Nicht, Hans!«, besänftigte ihn Annas Mutter. Sie war schnell aufgestanden und hielt den Arm ihres Mannes fest. Sie kannte seinen Jähzorn. Hans schüttelte den Buben noch einmal heftig, wobei aus Emmerans losem Hemd drei winzige Schuhe auf den Dielenboden purzelten. Blitzschnell bückte er sich und riss sie wieder an sich.

»Was haben wir denn da?«, fragte Annas Vater überrascht und nahm Emmeran die drei winzigen Schühchen weg.

»Die hat mir Anna vom Regenbogen runtergeworfen«, sagte Emmeran trotzig. Er hatte sich daran erinnert, was ihm Anna immer einzubläuen versuchte: »Trau keinem über fünfzehn, und lass dir von den Gruftis nur das gefallen, was dir in den Kram passt!«

Hans blickte verwundert auf die drei Lederstücke und setzte sich damit auf die Eckbank.

Annas Mutter umarmte Emmeran. Die behandelt mich ja wie ein Kind, dachte der. Er versuchte sich von ihr zu lösen. Lena redete sanft auf ihn ein: »Emmerl, jetzt hör auf zu schwindeln. Du kriegst auch ein großes Stück

Gugelhupf. Hans hat es nicht so gemeint. Du musst nur verstehen, dass wir uns Sorgen um Anna machen.« Sie strich ihm über den Kopf. Das konnte Emmeran gar nicht leiden, einen Gugelhopf aber sehr wohl! Er setzte sich auf die Bank am Tisch. Lena holte einen Teller aus dem Geschirrschrank und schnitt ihm ein großes Stück Gugelhupf ab. »Da«, sagte sie. Emmeran machte sich zufrieden über die gelbbraune Köstlichkeit her und wiederholte, wobei er ein bisschen schmatzte: »Und sie ist doch mit dem Regenbogen weggeflogen!«
»Blödsinn!« raunzte Annas Vater von der Bank rüber. Mit großem Interesse untersuchte er die drei winzigen Lederschuhe. Er war begeisterter Jäger, hatte auf seinem Hof alles: von Rindviechern über Schweine, Schafe, Ziegen, Karnickel. In seinem eigenen Wald betrieb er sogar eine von Rehen und Rotwild gern besuchte Wildfütterung. Sogar blind hätte er jedes Fell, jede Haut dem entsprechenden Tier zuordnen können. Mit Leder kannte er sich aus.
»Kruzifünferl«, murmelte er vor sich hin, »so ein Leder ist mir überhaupt noch nicht untergekommen.« Er knetete es durch, befummelte es, mal mit sanften, mal mit kräftigen Fingern, roch daran und schüttelte immer wieder den Kopf: »Lena, schau dir das an. Das ist kein Rind, kein Karnickel, kein Dachs, kein Maulwurf, kein

Reh, kein Hirsch, vor allem aber ist es kein Kunstleder. Ich werd noch narrisch!«

Er schüttelte den Kopf, wandte sich zum Gugelhupf-Esser, hob zwischen Daumen und Zeigefinger die drei Schühchen, schwenkte sie vor Emmerans Augen und sagte tiefernst: »Also, Emmerl, Entschuldigung für meine Grobheit, ich bin halt manchmal jähzornig, aber woher hast du diese Schuhe? Jetzt will ich aber eine ehrliche Antwort.«

Emmeran nickte eifrig und mit vollem Mund: »Auch wenn du mir gleich eine Watschen gibst, Hans: Die Schuh' hat mir Anna vom Regenbogen runterg'schmissen.«

Der Kopf vom Hans rötete sich jetzt sehr. Er pfefferte die Schuhe auf den Tisch.

»Hans, bittschön, Schatzerl, bleib ruhig!« rief Lena. »Lass mich noch mal mit Emmerl sprechen.« Sie setzte sich neben ihn und wollte Emmeran wieder in den Arm nehmen. Der machte sich steif und bog seinen Oberkörper von ihr weg: »Lena«, warnte er mit vollem Mund, »ich bin kein kleiner Bub mehr!«

»Leider«, seufzte Lena, brach die Umarmung ab und fragte Emmeran mit ihrer sanftesten Stimme: »Emmerl, du halbertes Mannsbild, wir machen uns wirklich Sorgen um Anna. Sie müsste schon lang hier hocken

und ihre Hausaufgaben machen. Sag mir doch bitte, bitte ganz ehrlich: Wo ist sie? Du kriegst auch noch ein Stück Gugelhupf.«
Wieder versuchte sie, ihren Arm um Emmerans Schulter zu legen. Das langte Emmeran: Er riss sich los und lief zur Wohnzimmertür. Dort drehte er sich um und zornte die beiden an: »Ihr glaubt's mir ja eh nicht! Aber die Anna saust gerade mit dem Regenbogen umeinander. Und ein Zwerg muss auch da droben bei ihr sein, das hat mir Anna immer erzählt: Auf jedem Regenbogen sitzt ein Zwerg!«
Wütend lief er hinaus.
Annas Eltern schauten sich an. Hans zuckte die Schultern: »Der Emmeran ist und bleibt ein Kindskopf, den unsere Anna leider mit ihrer depperten Geschichte vom Regenbogenzwerg so beeindruckt hat, dass er sie für wahr hält.«
»Vermutlich hast du recht«, pflichtete ihm Lena bei. »Ich geh sie jetzt nochmal suchen.« Sie stand auf, ging los, blieb aber plötzlich stehen und sah ihren Mann ernst an: »Warum wollten wir Anna ein Smartphone erst ab vierzehn erlauben? Und auch kein Handy! Jetzt könnten wir sie einfach anrufen.«
Hans schüttelte den Kopf: »Erziehung muss sein! Die chattet sonst nur stundenlang in der Welt herum.«

»Ja«, sagte Lena mit leichter Bitternis in ihrer Stimme, »und jetzt könnte sie uns vom Regenbogen aus anchatten!« Traurig ging sie aus der Stube.
»So ein Schmarrn«, rief ihr Hans hinterher. »Woher weißt du, ob sie auf dem Regenbogen Empfang hat?« Er beugte sich wieder über die winzigen Schuhe und murmelte: »Ich muss die Mistdinger nach München ins Institut bringen.«

*

Anna hatte sich die Farbstränge Rot, Zertig und Grün unter die Achseln geklemmt und stand wie eine Galionsfigur im sausenden Wind ganz oben auf der höchsten Spitze des gewölbten Regenbogens. Als sie unten die heimatliche Gegend erkannte, wurde ihr bang ums Herz. Auf dem Zertig-Farbstrang – als auf Neugier in Teer – rutschte sie nach unten, wo Binka auf Blau saß und verdrießlich dreinsah.
»Was ich hier mache, ist total gegen die Wettergesetze!« freute er sich diebisch.

*

Das bemerkte auch unten auf der Erde der 6-jährige Julian: »Mama, noch nie hab ich einen Regenbogen sausen sehen.«
Seine Mutter, die ihn an der Hand hielt, zog energisch daran. »Kein Regenbogen saust…« Ihre Stimme

stockte, denn sie sah oben am Himmel im schönsten Sonnenschein einen Regenbogen entlang sausen. »Das gibt's doch nicht! Und schon gar nie nicht bei uns in Bayern«, stammelte sie.

*

Oben setzte Anna ihr traurigstes Gesicht auf und becircte das dreibeinige Männchen vor ihr. »Binka, ich will nicht nach Hause! Ich will weiter mit dir über die Erde fliegen. Das hab ich mir immer geschworen, falls ich dich je erwische.«

»Nein!«, antwortete Binka. »Das kommt nicht infrage. Deine Eltern machen sich Sorgen, und du bist eh schon so lange mit mir geflogen, wie noch nie ein Kind zuvor. Nicht einmal damals vor 68 Millionen Jahren war dieses kleine Tyrannos-Rexlein so lange mit mir auf meinem Regenbogen.«

»Was?« Jetzt war Anna ganz aufgeregt, setzte sich Binka gegenüber auf den violetten Farbstrang. »Du hattest einen Tyrannosaurus rex auf deinem Regenbogen? Und der hat dich nicht gefressen? Du schwindelst!«

»Pah.« Binka machte eine wegwerfende Handbewegung. »Zum Schwindeln bin ich viel zu alt und erfahren. Schwindeleien kommen immer raus, merk dir das!«

»Meine nicht«, grinste Anna frech und drängte Binka: »Wie war das mit dem Dinosaurier?«

»Kann ich dir leider nicht mehr erzählen, denn da unten sehe ich schon euren Bauernhof. Vielleicht treffen wir uns ja mal wieder hinter dem Weltraum.«

»Nein«, rief Anna aufgeregt und beinahe verzweifelt.

»Doch!«, beharrte Binka und setzte mit seinem Regenbogen zur Landung auf derselben Wiese an, von der aus sich dieses wissbegierige Mädchen auf seinen Farb-Dom getrickst hatte. Auch Anna erkannte ihr Elternhaus, entdeckte jetzt sogar ihren Vater, der mit Binkas drei Schühchen in der Hand gerade zu seinem Auto ging. Entschlossen zog sie an jenen Farbsträngen, mit denen Binka den Regenbogen zur Münchener Frauenkirche gelenkt hatte. Der Regenbogen bog sein Ende spitz in den Himmel und sauste nach oben. Unten schaute ihm Annas Vater mit offenem Mund nach. Im Regenbogen purzelte Binka kopfüber nach hinten, überschlug sich viermal, während Anna weiter entschlossen an den Farbsträngen riss. Binka schimpfte wie eine Ente, der man die Eier gestohlen hatte. Wild wehte Annas Haar im Flugwind. Sie drückte die Farbstränge nach unten, und der Regenbogen flog jetzt als Regengerade über den Himmel.

*

Unten sagte Paolo zu seiner Mutter: »Wow! Mama, der Regenbogen macht einen Pfeil. Megageil!«

»Paolo, ich hab dir schon so oft gesagt, Regenbogen sind immer halbrund – das gibt's doch nicht!« unterbrach sie sich. Jetzt hatte auch sie den wie ein Pfeil dahinrasenden Regenbogen entdeckt. »Ich ruf den Wetterdienst an! Da ist sicher ein Mordssturm im Anmarsch.«

*

Anna kniete vor dem Zwerg, der noch von seinen vielen Purzelbäumen schnaufte. Sie flehte ihn an: »Lieber, lieber Binka, schönster aller Regenbogenzwerge, mit vollem Namen Zick Nick Nak Nobl Dibobl Dibibl Dibinka der Erste und Letzte, du musst mich weiter mit dir reisen lassen! Kannst du nicht in die Vergangenheit fliegen? Ich muss unbedingt Dinosaurier sehen.«
Binka schüttelte sein farbtropfendes Köpfchen. »Warum müsst ihr Zweibeiner immer Unsinniges vorhaben? Ich warte doch auch gelassen, bis Sonne und Regen mich hervorrufen. In der Zwischenzeit putze ich meine Farben, kämme meinen Bart, mach mir ein Müsli aus Pinkarz...« Er lugte spöttisch zu Anna hin: »Na, wo siehst du Pinkarz?«
Anna sah sich all die Farben an, die sie erst auf dem Regenbogen entdeckt hatte. Sie deutete auf eine.
»Quatsch«, sagte Binka, »das ist doch Milpa! Milpa ist sehr tückisch! Sieht ja auch so aus wie Lügen mit

Zitroneneis. Merk dir das!«
»Das werde ich mir nie merken.« Anna seufzte.
Binka deutete auf einen Farbstrang: »Das ist Pinkarz. Beschreib doch mal diese Farbe.«
Anna betrachtete sie genau.
»Kann ich nicht.« Sie schüttelte den Kopf.
Binka lachte meckernd: »Typisch Zweibeiner! Ihr seht nur so weit, wie eure Worte reichen. Denk doch mal an deine Eltern.«
»Was soll ich denn da denken?«
»Was fällt dir zuerst ein?«
»Dass ich sie lieb habe.«
»Gut. Und wenn du alles zusammennimmst, was dir zu deinen Eltern einfällt – was ist dann in deinem kleinen Zweibeinhirn das Ergebnis?«
Wieder dachte Anna lange nach, deutete mit ausgestrecktem Zeigefinger auf die Farbe und sagte triumphierend: »Dass es Mama und Papa gibt!«
»Na also, es geht ja. Pinkarz ist die Farbe des Daseins, vollendet vermischt mit reifen Kastanien.«
Anna vertiefte sich in die Daseinsfarbe mit Kastanien, nickte: »So langsam krieg ich deine Zauberfarben mit.«
Binka nickte sehr selbstgefällig.
»Jedenfalls«, fuhr er fort, »mach ich mir das Müsli aus Pinkarz und Jukal – das sagt doch schon der Name:

Jukal sieht aus wie süßes Jucken mit Schnittlauch, stutze meine 27 Fußnägel, raspele sie mit Gelb und Pützl ab…«

»Spinnst du? Was ist denn das schon wieder: ›Pützl‹?«, unterbrach ihn Anna lachend.

»Die Farbe da oben, links von dir, die musst du doch sehen, sieht ganz deutlich wie Nebel und schweres Hinken eines Linkshänders aus!«

Anna lachte: »Du machst dir also dein Müsli aus Dasein, Kastanien, süßem Jucken, Nebel und schwerem Hinken eines Linkshänders?«

»Du wirst es lieben!«, antwortete Binka. »Voll satt lausche ich danach der Sphärenmusik. Hörst du diesen alles umhüllenden Ton, der aus dem Weltall zu uns strömt?«

Jetzt lauschten sie beide. Binka schloss die Augen. Anna machte es auch. Ein Schauer strömte durch ihren Körper, denn sie hörte Töne, die etwas Unheimliches, Dunkles, Gewaltiges in sich trugen.

Sie riss sich davon los, stupste mit ihrer rechten Hand Binka an die winzige Schulter. Der öffnete wieder die Augen.

»Binka, du kannst doch die olle Sphärenmusik auch in der Vergangenheit hören und dort hinten auch dein Müsli essen!« Prompt kullerten ihr die ersten Tränen

rechts und links den Nasenrücken entlang.
So ein raffiniertes Biest, dachte Binka. Natürlich durchschaute er inzwischen Annas Manöver, aber Kindertränen konnte er nun mal nichts entgegensetzen. Schon damals, als die Menschen noch Lurche waren, musste er Tränen wegdrücken, wenn junge Lurche weinten. Er seufzte geschlagen: »Also gut. Aber nur für eine Woche. Und nicht in die Vergangenheit. Das geht nicht.«
»Hast du's schon mal versucht?«
»Natürlich nicht.«
»Du bist der faulste Regenbogenzwerg, mit dem ich je einen so stinklangweiligen Flug gemacht habe!«
Jetzt war Binka echt beleidigt: »Anna, du bist undankbar!«
»Und du überhaupt nicht neugierig«, kam es blitzschnell von Anna zurück, »dabei bist du doch erst ein paar Millionen Jahre jung.«
»Ja«, giftete jetzt der Zwerg, »und bis zum heutigen Tag waren die sehr, sehr geruhsam! Erst als ich den Fehler beging und dich mitnahm, bekam ich die größten Probleme: Ich fliege mit meinem Regenbogen so wild herum, dass es allen Wettergesetzen widerspricht und mich die Menschen nicht mehr ernst nehmen…«
Er stoppte seine Schimpfkanonade, denn er sah Annas tränenüberströmtes Gesicht. Diesem Teufelsmädel bin

ich einfach nicht gewachsen! »Also gut, Anna«, lenkte er ein, »ich versuch's mit der Vergangenheit. Lass mich mal überlegen. Zapp, dieser ekelhafte Regenbogenzwerg, der meist über Afrika unterwegs ist, hat mir mal vor 732 Millionen Jahren gezeigt, wie das geht.«
Anna wischte sich die Tränen vom Gesicht, nahm Binkas Hand und schmiegte ihre Wange daran: »Du bist der wunderbarste, einzigartigste…« Momentan fiel ihr kein weiteres Wort ein – jetzt doch: »… best gehobeltste, rosigste, kartoffelpufferigste Regenbogenzwerg aller Zeiten!«
Binka bekam rote Bäckchen und zog verlegen seine Hand zurück.
»Jetzt lass mal«, räusperte er sich, »ich muss überlegen. Wie hat das Zapp noch mal mit der Vergangenheit gemacht? Zuerst nimmst du den roten Farbstrang und flechtest…«
»Flichtst«, verbesserte ihn Anna, murmelte aber gleich ein »Entschuldigung!« hinterher, weil Binka sie doch etwas verächtlich anblickte.
»Ich weiß, Binka, manchmal bin ich furchtbar besserwisserisch.« Um das Gespräch wieder in ruhigere Bahnen zu lenken, fragte sie: »Wer ist denn dieser Zapp, der dir das Kunststück mit der Vergangenheit gezeigt hat?«
Binka, der nachdenklich mit verschiedenen Farbsträn-

gen kämpfte, um sie in ein bestimmtes Muster zu legen, schüttelte nur den Kopf: »Über Zapp will ich nie wieder etwas hören! Er ist der böseste Regenbogenherrscher auf der Erde!«
Er knüpfte mit den Farben eine Art winzigen Teppich, den er in seinen Händen zusammendrückte und in der rechten Faust hochhielt. »Das geht jetzt mit deiner doofen Reise in die Vergangenheit nur, wenn ich aus diesem Knäuel gleichzeitig den plauschen und den grapillen Farbstrang ziehe.«
»Was sind das denn schon wieder für Farben?« fragte Anna.
»Meine Güte, ihr Zweibeiner! Plausch, hier in meiner Linken, sieht doch ganz deutlich wie der Geruch von Hühnern aus, vermischt mit Zahnpasta. Und Grapill, hier in meiner rechten Faust, ist doch auch ganz klar: Neid mit einem Löffel Honig.« Er drehte die Faust und zog zunächst am grapillen Strang. Der Regenbogen bäumte sich auf und segelte in Wellenform wie auf schwerer See über den Himmel.

*

»Karla, schau, der Regenbogen fährt Wasserski!« Mit aufgerissenen Augen schaute Nora nach oben.
»Nora, du Dummerchen, kein Regenbogen kann Wasserski…«, ihre ältere Schwester sah zum Himmel hoch

und fuhr verdattert fort »…vermutlich doch … zumindest ein Regenbogen, der verrückt geworden ist. Ich ruf jetzt die Polizei an!«

Der Regenbogen pupst

Annas Vater hatte sich noch nicht vom Anblick des sausend vor ihm abdrehenden Regenbogens erholt.
»Ich glaub's nicht«, murmelte er kopfschüttelnd vor sich hin. »Hat denn das verdammte Coronavirus auch die Regenbogen infiziert? Spielen die jetzt alle verrückt?« Er grinste, als ihm noch einfiel: »Ich fordere Impfpflicht für alle Regenbogen!«
Hans setzte sich in sein Auto, warf die drei winzigen Schühchen auf den Nebensitz und fuhr los. Unterwegs trat er so unerwartet stark auf die Bremse, dass ihm hinten beinahe der Schorsch draufgefahren wäre. Wütend hupte der, doch Annas Vater sah nur gebannt auf den in Wellenform dahinrauschenden Regenbogen.
Er kurbelte die Fensterscheibe runter und zeigte mit dem Zeigefinger nach oben. Beide Fahrer stiegen staunend aus.
»So was Narrisches hab ich noch nie nicht g'sehn!«, stotterte Schorsch.
»Ich auch nicht«, pflichtete ihm Annas Vater bei. »Das hat bestimmt die Anna gemacht«, fügte er hinzu. Die Bemerkung tat ihm gleich wieder leid, denn Schorsch

schaute ihn misstrauisch an: »Meinst du etwa, deine Anna fliegt da oben mit? Hast' heute schon deine drei, vier Bier getrunken, ha?«
»Ach, lass mir doch mei' Ruh«, grantelte Hans, stieg wieder ins Auto und fuhr los. Dabei konnte er gerade noch sehen, wie sich jetzt der Regenbogen verknotete.
Hinter ihm hörte er es scheppern. Schorsch war mit seinem Auto in den Straßengraben gefahren. Auch er hatte am Himmel den Knoten entdeckt und darüber das Steuern vergessen.

*

»Mama«, rief Jecki, »jetzt macht der Regenbogen einen Knoten!«
»Du dummes Kind. Tausendmal hab ich dir schon gesagt…« Sie sah nach oben und wiederholte stotternd: »… tausendmal hab ich dir gesagt, …. dass ich jetzt den Verstand verliere.«
In der Ferne heulten Feuerwehrsirenen. Jecki und ihre Mama sahen immer mehr Autos mit Blaulicht ziellos unterhalb des verknoteten Regenbogens herumfahren, der jetzt unbeweglich am Himmel hing.
Dann sah Annas, wie sich der Regenbogenknoten mit einem gut zu hörenden »Plopp« wieder auseinanderfaltete und seine gewohnte Bogenform annahm.

*

»Ich möchte nicht wissen, wie jetzt die Zweibeiner auf unser schiefgegangenes Manöver reagieren«, grinste oben der Zwerg. Er empfand sogar ein kleines Glücksgefühl: Was diese Anna doch alles aus ihm rauskitzelte!

Anna lachte zustimmend: »Das wird Papa umhauen! Vielleicht glaubt er jetzt endlich, dass es dich gibt.«

Binka fühlte sich geschmeichelt, konzentrierte sich wieder auf den Farbknäuel und murmelte vor sich hin: »Ich muss also haargenau zugleich den plauschen und den grapillen Farbstrang ziehen …«

»Binka, lass mich das doch machen. Du zitterst mir zu viel.«

»He, he! Nicht frech werden! Immerhin hab ich schon während der letzten Eiszeit einem Säbelzahntiger seinen ausgerissenen Eckzahn wieder eingepflanzt.«

Anna starrte ihn an: »Das glaub ich dir nicht!«

»Kannst du aber. Säbelzahntiger waren sehr zutraulich mit mir. Ihr Zweibeiner habt mich sogar gefürchtet.«

»Aber die konnten dich doch gar nicht sehen?«

»Die Säbelzahntiger schon, auch ihr frühen Zweibeiner. Denen konnte ich mich zeigen, weil sie mich anbeteten. Aber das hielt nicht lange.« Er seufzte. »Sie fingen an zu suchen, warum ich wann erscheine. Das wurde mir unheimlich, und ich hab mich ihnen nicht mehr gezeigt.« Er hob traurig sein Köpfchen: »Also gut, dann versuchst du es jetzt mit unserer Reise in die Vergangenheit! Oder wollen wir wieder Wellen reiten?«

Binka streckte Anna sein Fäustchen mit dem zusammengedrückten Farbknäuel entgegen. Anna hockte sich im Schneidersitz vor ihn hin, nahm vorsichtig die Enden des plauschen und des grapillen Farbstrangs zwischen Daumen und Zeigefinger und sagte: »Binka, ich hab's – und ich hab Angst!«

Der Regenbogenzwerg schaute sie ernst an: »Das brauchst du nicht. Die Vergangenheit wird dich süchtig machen.«

Das verstand Anna nicht so ganz, doch Binka strömte so viel Wärme aus, dass sie mit dem Kopf nickte und sagte: »Also, auf drei zieh ich gleichzeitig.«

Binka nickte.

Anna sagte »Eins, zwei und .... drei!« Gleichzeitig zog sie an beiden Farbsträngen.

Überlautes Zischen und Rauschen setzten ein. Anna wollte sich vor Schreck in Binkas Arme flüchten, doch war das wegen dessen Kleinheit gar nicht möglich. Stattdessen zerdrückte sie ihn beinahe an ihrer

Brust. Jetzt geschah eine unerhörte Farbenexplosion. Dazu knallte es wie bei einem Silvester-Feuerwerk. Der Regenbogen zischte in einer sich immer schneller wirbelnden Drehung über den Himmel. Anna und der winzige, sich an ihre Brust schmiegende Binka wurden wie ein Propeller herumgewirbelt. Zuletzt gab es einen gewaltigen Knall, dem so etwas wie ein menschlicher Pups folgte. Danach breitete sich himmlische Ruhe aus. Der Regenbogen war verschwunden.

*

Auf der Erde hörte man millionenfach: »Ooooo!«

»Jetzt hat der Regenbogenzwerg noch einmal gefurzt und sich in die Luft gesprengt!«, stellte der kleine Danni fest. Seine Tante hockte heulend vor Schreck auf dem Boden und starrte in den blauen Himmel. Danni setzte sich neben sie und begann auch zu weinen. Allerdings aus einem anderen Grund. »Jetzt ist der Regenbogen tot«, schluchzte er. »Warum hat er sich nur in die Luft gesprengt?«

Wenn seine Tante noch ein cleveres junges Mädchen gewesen wäre und wie Anna gegen alle Wahrscheinlichkeit an den Regenbogenzwerg geglaubt hätte, hätte sie ihn jetzt trösten können: »Mein Danni, du musst nicht weinen. Es sitzt doch auf jedem Regenbogen rund um die Welt ein kluger Regenbogenzwerg mit drei Beinen und 27 Zehen! Und alle Regenbogenzwerge sind viel zu klug, um sich in die Luft zu sprengen. Sie verlassen ihren Regenbogen nur, wenn die Farben anfangen, Schimmel anzusetzen. Dann flechten sie sich einen neuen.«

Doch weil Dannis Tante schon erwachsen war, wollte sie nichts mehr von einer anderen Wahrheit wissen.

Überall heulten Sirenen. Auch Kirchenglocken läuteten aufgeregt. Die Menschen stürzten auf die Straßen. Polizeiautos sausten sinnlos hin und her. Grantige Menschen schrieben Strafanzeigen gegen den Nachbarn wegen eines verbotenen Feuerwerks.

Annas Vater saß mitten auf der Autobahn in einem Riesenstau. Wie alle anderen stieg auch er aus und starrte in den Himmel. Was sie eben mit diesem Regenbogen erlebt hatten, war wissenschaftlich nicht zu erklären. Totenstill war es auf der überfüllten Autobahn. Nur die wütende Stimme eines Mannes hörten sie, der seinen trotzig dastehenden Sohn bedrohte: »Wenn du noch einmal behauptest, das habe der Regenbogenzwerg aus Gaudi gemacht, vergess' ich mich und kleb dir eine!«

Annas Vater ging zu ihm hin: »Nicht schlagen! Es gibt Kinder, die daran glauben. Nachdem, was ich heute erlebt habe, glaub ich auch, dass es einem Regenbogenzwerg gibt.« Er ließ den verdutzten Vater stehen und stieg wieder ein. Kopfschüttelnd beobachtete er, wie die anderen Autofahrer mit ihren Smartphones aufgeregt zitternd den Himmel abfilmten. Einer baute sogar in fliegender Hast eine Drohne zusammen und schickte sie in Richtung Himmelsspektakel.

Erst eine halbe Stunde später löste sich langsam der Verkehrsstau auf.

Anna fliegt in die Vergangenheit

»Warum hat unser Regenbogen keine Farben mehr?«, rief Anna aufgeregt.

Binka, der wie ein Kommandant in einer Pilotenkanzel vor ihr saß, drehte sich um: »Weil die Vergangenheit farblos ist.«

»Das ist doch Käse!«, rief Anna.

Der Zwerg lächelte nur und dozierte: »Der Vergangenheit fehlt das farbenbunt brüllende, gefährliche Leben der Gegenwart, das herrliche Hier und Jetzt. Schau nach unten, wir sind gerade im 19. Jahrhundert angekommen.«

Anna beugte sich zwischen die nunmehr farblos gläsernen Farbstränge und staunte: »So viele kleine Dörfer! Und diese großen Wälder! Und nirgends ein Fernsehturm. Das ist ja affengeil.«

»Bitte nicht solche Worte auf meinem Regenbogen«, ermahnte Binka sie.

»Und wer ist denn das, der so weint?«

Binka sah hinunter. »Ach, das ist der olle Napoleon auf St. Helena. Dorthin haben die Engländer den Kaiser der Franzosen verbannt.«

»Der Arme! Da gab's doch diese Riesenschlacht?«

»Hier siehst du sie!« Und schon hatte Binka den Regenbogen über das Schlachtfeld von Waterloo bugsiert. Viel Kanonengebrüll und Pulverwolken, anstürmende Reiter und mit Bajonetten aufeinander einstechende Soldaten.

»Das ist ja furchtbar!«, erschrak Anna. »Der blöde Krieg!«

»Ja, so seid ihr Zweibeiner. Und hier rechts, siehst du da die großen Wälder und diese große Soldatenkolonne? Da irrt der doofe französische General auf der Suche nach dem preußischen General Blücher umher. Obwohl er den Kanonendonner von Waterloo hört, eilt er nicht seinem Kaiser zu Hilfe. Er folgte stur dem Befehl, Blücher zu jagen!«

»So ein Tomatenkopf«, urteilte Anna. »Lass uns schnell noch weiter in die Vergangenheit fliegen.«

Binka gehorchte.

»Da sind ja schon wieder lauter Kanonen, die schießen! Und da kämpfen ja schon wieder Menschen gegeneinander! Oh weh, und da liegen ja so viele schreiend auf der Erde!«

»Das, Anna, ist der Dreißigjährige Krieg, über den wir gerade hinwegfliegen. Wirklich schlimm damals, 1618 bis 1648. Selbst ich hab sehr gelitten. Und so viele Kinder mussten sterben! Ich schalte jetzt auf ›Schnel-

ler rückwärts‹, denn in diesem Jahrtausend gab es jede Menge Kriege und unendlich viele Gewalttaten.«
Er gab sozusagen Gas mit einem gläsernen Farbstrang, hielt nur noch kurz im 16. Jahrhundert über England an und lachte: »Anna, siehst du den kleinen Rotzlöffel, der da unter der Eiche sitzt und in der Nase popelt?«
»Ja. Was ist mit dem?«
»Das wird später der weltberühmteste Dichter William Shakespeare!«
»Von dem hab ich auch schon gehört. Ob ich das in einem Buch über ihn finde, dass er als Kind immer gepopelt hat?«
»Sicher nicht. Das wissen nur du und ich.«
»Ich schreib's auf, wenn ich wieder daheim bin.«
»Das wird dir niemand glauben.«
Binka zog wieder an dem gläsernen Tempomacher-Farbstrang, und die Erdjahrhunderte zischten in rasendem Tempo unter ihnen vorbei. Immer weiter in die Vergangenheit. Die Sümpfe wurden größer, die Wälder kleiner, jetzt sah Anna erste Eisfelder und richtige Eisberge, denen eine immer größer werdende Eisdecke folgte.«
»Na, Anna, soll ich hier anhalten? Willste aussteigen und dir die Eiszeit anschauen?« Binka hatte sich umgedreht und grinste sie frech an.

Anna schüttelte den Kopf, schaute wieder nach unten, schrie auf: »Da laufen ja Mammuts! Ui, sie werden von einem Säbelzahntiger gejagt! Binka, du musst den stoppen!«
»Ich denke gar nicht dran! Das gehört zum Leben. Der muss für fünf kleine Säbelzahntigerchen in seiner Höhle sorgen, außerdem macht ihm die Eiszeit eh schwer zu schaffen.«
»Ich will das nicht mehr sehen. Bitte flieg noch schneller rückwärts.«
»Nicht rückwärts, sondern zurück!«, verbesserte Binka sie. »Auf in die Dinosaurierzeit!« Er legte einen noch schnelleren Gang ein und Anna jubelte.
Sie flogen durch die Jahrtausende. Anna staunte, wie sich die Erde verwandelte. Immer riesiger wurden vor der Eiszeit die Wälder und Sümpfe, immer wimmeliger die Tierwelt.
»So eine schöne, wilde Erde!« staunte Anna.
»Tja«, meinte Binka, »das waren noch Zauberzeiten – ohne euch Zweibeiner. Als ihr kamt, wart ihr noch so lange in Ordnung, wie ihr mich wie eine Gottheit angebetet habt. Damals hattet ihr noch rohe, blutige Fleischfetzen oder irgendwelches sicher grässlich schmeckendes Kraut in euren Mäulern. Leider fingt ihr an, Bäume und Sträucher zu entfernen, Äcker zu be-

pflanzen und bautet Dörfer und Städte…«
»Das war doch richtig, Binka! Sei doch nicht so grämlich!«
Binka verstummte. Etwas leiser fuhr er fort: »Hast ja recht. Jedes Tier, jedes Zweibein wollte überleben. Aber euer ständiges Gerede während eures Überlebenskampfes ging mir wirklich auf den Geist! Hunderttausende von Jahren voller Gequakel!«
»Du quakelst aber auch ganz schön«, sagte Anna.
Der Zwerg reagierte pikiert. »Das liegt nur an dir! Kaum bist du auf meinem Regenbogen, muss ich so viel sprechen wie seit drei Millionen Jahren nicht.«

Das Geheimnis von Binkas Schuhen

Unten auf der Erde war am Tag nach dem pupsenden Verschwinden des Regenbogens die Aufregung riesengroß. Die Zeitungen überschlugen sich in Mutmaßungen. Bei Facebook, X, Telegram, TikTok, Instagram war der Regenbogen tagelang Trend, die Leute bombardierten sich gegenseitig mit Schnappschüssen und kurzen Filmchen. Wissenschaftler diskutierten ratlos, aber sehr eitel. Spinner sahen das Ende der Welt kommen. Um es aufzuhalten, aßen sie Karotten, Knoblauch und Gulasch, danach Erdbeermarmelade. Sie hatten gehört, diese Nahrung lässt sie das Ende der Welt überleben. Am schlimmsten aber waren die Hamsterkäufe! Vor allem Büchsen, die vermutlich 100 Jahre frisch halten, waren gefragt. Die Fernsehsender zeigten in Endlosschleifen Handy-Videos vom Riesenfeuerwerk und dem gewaltigen Knall bis zum Schluss-Pups. Youtube erstickte schier an all der Furzerei. Hohe Militärs vermuteten eine neue Waffe beim jeweiligen Gegner und bedrängten ihre Regierungen, die Grenzen zu schließen. Zahllose Militärmaschinen donnerten über den Himmel auf der Suche nach dem irren Regenbogen, der sich gegen alle physikalischen Gesetze am

Himmel aufgeführt hatte, als würde er gelenkt.
»Wird er auch!«, sagten trotzig einige Kinder, die anfingen, an den Regenbogenzwerg zu glauben. Sie wurden ins Fernsehen geholt und spöttisch von oben herab befragt. Doch die Kinder blieben stur. Ein Jugendlicher trat dem Interviewer sogar gegen das Schienbein und nannte ihn einen »assigen Looser«. Das heißt so viel wie »Vollidiot«.
Der Einzige unter den Erwachsenen, der sich ein bisschen öffnete und an den Regenbogenzwerg zu glauben begann, war Annas Vater. Gerade saß er im Konferenzraum eines großen chemischen Unternehmens. Ihm gegenüber saßen drei hochmütige Großkopferte, also wichtige Herren. Jeder von ihnen beäugte misstrauisch eines der kleinen Schühchen, durchknetete es, roch daran. Zwischendurch verdächtigten sie lauthals Annas Vater: »Glauben Sie ja nicht, Sie könnten uns mit diesem Fake-Leder foppen!«
»Ich foppe nicht!«, beharrte Hans Huber.
»Woher haben Sie diese drei Schühchen?«
Jetzt wurde Annas Vater verlegen: Die würden doch nie und nimmer Emmerans Geschichte glauben!
»Ich hab sie auf meinem Hof gefunden«, schwindelte er und schaute in drei sehr misstrauische Gesichter.
»So, so, auf Ihrem Hof«, spottete einer. »Den haben

wir übrigens inzwischen durchsuchen lassen. Es wurde nichts Verbotenes gefunden. Also noch einmal: Wo und wie haben Sie diese Schuhe hergestellt?«

»Nichts hab ich hergestellt! Die lagen einfach so da. Wie vom Himmel gefallen.«

Die Herren lachten höhnisch.

»Aus unserem Labor wird gleich die Analyse dieser merkwürdigen ledrigen Substanz kommen! Sie müssen uns schon die Wahrheit sagen.«

In diesem Moment kam eine Frau im weißen Kittel angelaufen. Sie trug mehrere Papierbogen und schien sehr aufgeregt.

»Na, Frau Professor Onderka, ist es ein neues Plastik-Material?«, bestürmten sie die Runde.

Frau Professor schüttelte heftig mit dem Kopf: »Nein. Nicht im Entferntesten.«

»Ja, was ist es denn?«, fragte einer der drei Herren aufgeregt, »spannen Sie uns doch nicht auf die Folter!«

Hans lächelte und wandte sich an die Professorin: »Gell? Es ist echtes Leder!«

Frau Professor schaute ihn überrascht an: »Ja! Es ist tatsächlich echtes Leder. Aber ein Leder, das es auf der ganzen Erde nicht gibt.«

Sie machte eine Pause. Die vier Männer platzten beinahe vor Neugier.

»Oder«, fuhr Frau Professor Onderka lächelnd fort, »besser gesagt: Das es auf der ganzen Erde nicht *mehr* gibt.«
Jetzt redeten die drei wichtigen Herren durcheinander und bestürmten die Wissenschaftlerin mit Fragen. Doch die lächelte nur.
»A Ruh is!«, rief in diesem Moment Annas Vater im bayerischen Befehlston, und die drei Wichtigtuer schwiegen, schauten ihn verärgert an.
»Ich danke Ihnen«, wandte sich Frau Onderka an Hans, sah danach von einem zum anderen im Raum und verkündete mit feierlicher Stimme: »Meine Herren, diese drei winzigen Schühchen sind von sehr ungeschickten Zähnen aus einem größeren Stück herausgebissen und zu Leder gekaut worden. Danach wurden sie mit einem mir unbekannten Harz zusammengeklebt. Sie wurden aus der Haut eines Tieres zubereitet, das vor rund 65 Millionen Jahren ausgestorben ist. Geblieben sind uns nur noch ihre Skelette…«
Die Herren unterbrachen sie aufgeregt: »Welches Tier? Sagen Sie es doch endlich! Was für ein blödes Viech war's denn?«
»Es war«, sagte Frau Onderka mit zitternder Stimme, »mit 99,9-prozentiger Sicherheit ein Dinosaurier. Ich vermute sogar, dass die Haut vom König der Saurier

stammt, von einem Tyrannosaurus rex.«
Ehrfürchtiges Schweigen breitete sich im Raum aus. Hans' Hände zitterten, zumal sich jetzt alle ihm zuwandten, ihn anstarrten und mit Fragen bestürmten.
»Herr Huber, sagen Sie uns jetzt offen, woher sie diese Schuhe haben?«
»Gibt es eine Höhle, in der Sie einen noch gut erhaltenen Rex gefunden haben?«
»Haben Sie selbst die Tyrannosaurus-Haut zu Leder gekaut?«
Was sollte Annas Vater machen? Die Wahrheit erzählen, an die er selbst nicht so recht glauben wollte? Dass Emmeran ihm die drei Schuhe gebracht und Stein und Bein geschworen hatte, Anna habe sie ihm vom Regenbogen runtergeworfen?
Er probierte es. Vergeblich. Die Anwesenden lachten ihn aus, wobei sie immer wütender wurden, Hans anderseits immer bockiger, zum Schluss stand er genervt auf und rief: »Lesen Sie keine Zeitungen? Sehen Sie nicht fern? Haben Sie nichts von dem narrischen Regenbogen gesehen oder gehört, der genau seit dem Tag des Verschwindens meiner Tochter die hirnrissigsten Kapriolen schlägt, der knallt, knackt, furzt und Wellen reitet? Wisst's was? Ihr könnt's mich alle mal!«
Er wollte hinausstürmen, doch Frau Professor Onder-

ka hielt ihn zurück. Sie beruhigte ihn und erreichte, dass sich alle Anwesenden auf absolutes Stillschweigen über diesen Fund einigten. Das war Annas Vater nicht unrecht, denn er würde sonst umgehend in seinem Dorf zum blödesten Dorfdeppen ernannt werden. Was ihn beruhigte, war eine Laborantin, die Frau Onderka einen Bericht in die Hand drückte. Mit zitternden Lippen verkündete die Professorin den Inhalt: »Wir haben Hautschuppen in den drei Schühchen gefunden.« Sie machte eine Spannungspause. »Sie wurden genauestens untersucht.« Wieder eine Pause. Die Männer rückten unruhig auf ihren Stühlen hin und her, starrten Frau Professor Onderka an, die jetzt mit noch zittrigerer Stimme fortfuhr: »Wer immer diese Schühchen getragen hat, ist zu dreißig Prozent menschlich, zu 70 Prozent nicht menschlich – aber lebendig.«

Anna und der Tyrannosaurus rex

Oben auf dem Regenbogen bekam Anna Angst: »Was ist denn da unten los, Binka? Warum verdunkelt sich die Erde so stark?«
»Schau nach oben«, forderte Binka sie beim weiteren Flug in die Vergangenheit auf, »siehst du diesen Feuerball, der sich auf die Erde zubewegt?«
Anna entdeckte ihn. »Ist ja irre! Binka, der ist ja riesig!«
»Das ist ein Komet. Der größte, der je in die Erde einschlagen wird. Aber dazu muss ich wieder ein bisserl zurück in die Zukunft fliegen.«
Und schon geschah es. Die Erschütterung des gewaltigen Aufschlags und das Beben der verwundeten Erdkugel waren sogar auf dem Regenbogen zu spüren. Die Erde unter ihnen hüllte sich in eine gewaltige, gelbe Wolke. Binka stand auf, umschloss mit seiner rechten Hand sanft Annas Wade und sagte: »Das ist das Ende aller Saurier. Dieser Einschlag über Mexiko hat ihnen die Atemluft vergiftet.«
»Die armen Saurier – aber da sind sie ja!«
»Ja, weil ich inzwischen wieder ein paar tausend Jahre in die Zeit vor dem Meteoriten-Einschlag geflogen bin.«
Anna deutete auf eine Herde kleiner und mittlerer

Saurier, die gemütlich über eine riesige Fläche zogen.
»Binka, halt an! Bitte, bitte, bitte!«
Das tat Binka mit solcher Heftigkeit, dass Anna nach vorne purzelte, hinweg über Binkas winzigen Rücken, raus aus dem gläsern durchsichtigen Regenbogen und direkt auf den weichen Erdboden landete, der mit merkwürdigen Farnen, Gräsern und kleinen Sträuchern bewachsen war. Dazwischen lagen kleine Seen und Tümpel. Einige von ihnen dampften oder brodelten gar.
Anna rappelte sich auf und sah sich um. Was sie nicht sah, war eine Art pelzige Kugel mit schwarzen Fäden, die sich schlangengleich mit gierig schlürfenden Lauten zu Annas Wade hinbogen.
»Anna, pass auf! Die Kugel greift an!«
Anna blickte an sich runter. Dort schmiegten sich gerade die ersten schwarzen Fäden an ihre Beine, öffneten an ihrer Spitze Münder wie Saugrüssel. Anna versuchte sich loszureißen. »Binka, hilf mir«, schrie sie, »der lutscht an mir!«
»Ach nee«, spöttelte Binka vom Regenbogen herab, »erst mich in die Vergangenheit locken und nun vor ihr davonlaufen!«
»Bitte, bitte, Binka«, flehte es von unten.
»Nix da!«, verweigerte Binka jede Hilfe. »Wir bleiben

da. Ich komm zu dir runter und beschütze dich. Schau mal, die Saurierherde hat dich bemerkt, die kommt direkt auf dich zu.«
Binka sprang vom Regenbogen herunter. »Mich werden sie nicht sehen, ich bin ja viel zu winzig.«
Anna riss sich von den Armen der Saugkugel los und drängte sich eng an Binka. Der war sofort wieder geschlagen: Schmiegten sich die Waden von Kindern an ihn, war er verloren. Er griff Annas Hand und flüsterte: »Keine Bange! Wenn's brenzlich wird, reiß ich dich – schwupp! – auf unseren Regenbogen. Merke, Anna: Schon damals waren alle Tiere ziemliche Mistviecher.«
Anna musste lachen, fühlte sich wieder sicher, drückte dankbar Binkas winzig kleines Händchen und schaute jetzt frech der langsam auf sie zu trottenden Dinosaurier-Herde entgegen.
»Die stinken aber krass!«, rief sie und klatschte sich gleichzeitig mit beiden Händen ins Gesicht: »Und es gibt verdammt viele eklige Mücken! Das ist ja ätzend!«
Jetzt hörte sie ein Gebrüll, so wie sie es noch nie gehört hatte. Die Saurierherde schrak auf und fing an, in Todesangst loszutrampeln. Aus einem nahegelegenen Wäldchen trampelte er daher: Ein riesiger Tyrannosaurus rex!
Anna zitterte: »Binka, wir müssen schnell zurück auf

den Regenbogen!«

»Nee, nee«, beschwichtigte Binka sie, »Rex mag kein Menschenfleisch, weil er es nicht kennt. Du erlebst etwas, was kein Zweibeiner-Kind vor dir erlebt hat.«

Anna wurde ruhiger. Die Erde bebte unter den mächtigen Schritten des Tyrannos rex. Jetzt stürmte er ganz dicht an den beiden vorbei. Anna wollte sich schon ducken, da sah sie, dass an der Flanke des riesigen Viechs ein ziemlich großes Stück Haut fehlte. Zwar war die Wunde wieder zugewachsen, doch sah Anna genau, dass die Haut dort eine andere Farbe hatte. Das Fell rings herum erinnerte sie an Binkas drei Schühchen, die sie Emmeran zugeworfen hatte.

»Binka, hast du etwa diesem Rex die Haut für deine Schuhe stibitzt?«

Mit einem unglaublichen Staub, Erde und Dreck aufwühlenden Bremsmanöver kam der Tyrannos rex zum Stehen, blickte sich nach Anna um. Er hatte wohl ihre Stimme gehört.

»Das kommt davon, wenn man so vorlaut ist, Anna, vor allem jetzt, in dieser gefährlichen Vergangenheit!« flüsterte Binka und war froh, dass er auf Annas Entdeckung und ihre Frage nicht eingehen musste. Der Tyrannos rex setzte jetzt einen Boden erschütternden Tritt nach dem anderen in Richtung Anna. Die stand starr vor Schreck. Rex blieb, offensichtlich total erstaunt, gleichfalls stehen, beugte seinen kurzen Hals nach unten und glotzte Anna an. Anna glotzte in Todesangst zurück. Binka zischte ihr zu: »Nimm meine Hand! Auf zum Regenbogen!«

Auch dieses winzige Stimmchen muss Rex gehört haben. Er beugte sich zu Binka runter, kümmerte sich nicht mehr um dieses noch nie zuvor gesehene zweibeinige Wesen, sondern geriet in einen Wutanfall, der ihn so überirdisch laut aufjaulen ließ, dass Anna erschrocken seinem Blick folgte, der genau auf Binka gerichtet war.

»Oh je, er hat mich wiedererkannt!«, rief Binka, griff mit überraschender Stärke Annas Hand und zog sie blitzschnell mit sich auf den gläsernen Regenbogen. Unten drehte sich Rex wütend im Kreis, wühlte den Boden auf, jaulte und dröhnte, was seine riesigen Lungen hergaben und reckte sich hoch, um sich Binka zu greifen.

»Lass uns losfliegen, Anna, das Mittelalter im Himalaya war viel schöner. Das musst du sehen.«

Doch Anna hatte ihn durchschaut: »Genau diesem Tyrannos rex hast du das Stück Haut für deine dämlichen Schuhe rausgerissen! Der Arme!« Sie beugte sich vom Regenbogen zu Rex runter und rief »Buzi, Buzi«, als ob sie Hühner oder einen kleinen Hund anlocken würde. »Hat dich der böse, böse Binka gepiesackt und dir ein Stück Haut rausgerissen?« Dabei grinste sie zum Regenbogenzwerg hinüber.

»Rausgebissen!«, kam es von Binka.

Anna sah ihn erstaunt an: »Wieso hat sich dieser riesige Dinosaurier gefallen lassen, dass du ihm ein Stück Haut rausbeißt?«

»Er war damals noch kein riesiger Tyrannos rex, sondern eher eine Tyrannos-Laus. Außerdem hab ich ihm das Leben gerettet.«

»Das will ich sehen, du Beißerzwerg!« Anna war wieder obenauf.

»Wieso sehen? Das geht doch nicht. Das ist doch schon so lange her!«

»Mein hochwohlgeborener Zick Nick Nack Nobel Dibobel Dibibel Dibinka, der Erste und Letzte, darf ich dich darauf hinweisen, dass wir gerade durch die Vergangenheit fliegen? Also können wir doch noch das Stückchen weiter nach hinten fliegen, damit ich dich sehen kann, wie du brutal diesem armen Rexilein sein Fell verschandelt hast.«

»Du hast ja recht«, antwortete Binka ziemlich scheinheilig. »Natürlich könnten wir das kleine Stückchen noch zurücklegen, aber es gibt da ein großes Problem.«

»Welches denn?«, fragte Anna, während unter ihnen

der Tyrannos rex seine Wut langsam abzubauen schien und jetzt murrend davon trottete.
»Ich kann mich nicht sehen!«
Verschämt senkte Binka seinen Blick.
»Was heißt das denn? Ich kann mich nicht sehen?«
»Überleg doch mal, Anna, wenn ich dich zu diesem Tag zurückfliege, an dem ich mir meine köstlichen Schuhe erbissen habe, würde ich mich ja selbst beobachten. Dazu bin ich aber zu scheu.«
»Schau einfach weg«, machte Anna der Diskussion ein Ende. »Flieg endlich los zu deiner elenden Tierquälerei!« Dabei lachte sie Binka so herzlich an, dass der auch grinsen musste, und schon sausten sie die paar Sekunden in der Zeit zurück, stoppten den durchsichtig gläsernen Regenbogen vor einem unglaublich blubbernden Sumpf. Anna staunte, wie es in dem grässlich zähen und dampfenden Gebräu nur so brodelte. Aber nicht von Wellen, sondern dort kämpfte ein kleines Tier um sein Überleben. Es drohte unterzugehen. Auch hatte es eine ziemlich große Wunde an der Flanke.
»Binka, den müssen wir retten.«
»Hab ich doch schon.«
»Aber der ertrinkt doch gleich, bitte Binka!«
»Erkennst du ihn denn nicht wieder? Schau doch den Hautlappen an der Flanke an! Meine kostbaren drei

Schühchen, die du einfach weggeworfen hast.«
Anna war baff, wollte schon was sagen, doch da passierte sehr, sehr Seltsames. Binka saß zwar ziemlich verlegen neben ihr und bedeckte mit der Hand seine Augen, flog aber gleichzeitig als Binka 2 mit einem gläsernen Regenbogen über den Sumpf. Jetzt lagen die Enden der durchsichtigen Farbstränge seines Regenbogens genau über dem kämpfenden, kleinen Tierkörper. Das Tier klagte mit hoher Stimme in Todesangst. Binka 2 rutschte vom Regenbogen auf den Rücken des sich wild drehenden Tieres, sprach ihm irgendwas ins Ohr, was das Tier beruhigte. Binka 2 blieb auf dem Rücken des Tieres sitzen. Jetzt entdeckte er einen losen Hautstreifen, der sich wohl während des Kampfes im Sumpf durch irgendeinen verdorrten Ast losgerissen hatte. Er sah auf seine violett glänzenden Schuhe hinab und beugte sich vom Tierrücken hinab. Anna rief »Wow!«, denn Binka 2 biss mit schnellen Kieferbewegungen die runter hängende Haut des aufjaulenden Tieres ab. Er wedelte die Haut über seinem Kopf und rief: »Juhu, endlich neue Schuhe!«
Mit einer merkwürdigen Bewegung strich er dem Tier über die blutende Wunde, die sofort zu bluten aufhörte. Dann lüpfte er sich geschmeidig zurück auf seinen Regenbogen und zischte davon.

Empört wollte Anna anfangen, Binka wegen seiner Beißerei zu tadeln, doch der hielt sich nur den Zeigefinger vor den Mund. Er presste ein leises »Pssst« heraus und deutete sehr stolz nach unten. Anna folgte seinem Finger. Sie sah, wie Binka 2 mit seinem Regenbogen ein riesiges Tier zum Sumpf trieb. Immer wieder schubste er es mit den gläsern durchsichtigen Enden des Regenbogens. Das Riesentier brüllte, als es den kleinen Saurier im Sumpf entdeckte. Entschlossen stürzte es sich hinein und bugsierte das kleine Tier aufs Trockne.

»Die Mutter«, flüsterte Anna, »du hast die Mutter des Kleinen geholt!«

Binka nickte selbstgefällig: »So bin ich eben! Ein Wohltäter für Tier und Zweigebein.«

»Du Angeber«, lachte Anna und sah, dass Binka 2 wie blöd auf dem Stück Saurierhaut herum kaute. Danach strich er von den Blättern eines kohlpechrabenschwarzen Strauchs etwas Klebriges ab. Mit seinen Zähnen zerbiss er das Leder in drei Teile und klebte sie zu je einem Schuh zusammen. Eitel passte er sie sich an, tanzte damit auf dem Boden der Dinosaurierzeit im Kreis, konnte aber gerade noch auf seinen gläsernen Regenbogen springen, denn ein riesiges Tier, eine Mischung aus Schlange, Löwe und Haifisch, hätte ihn sich beina-

he als Betthupferl geschnappt.
Anna war baff.
»Das ist ein Brotzeltrops«, erklärte Binka.
»Was ist das denn für ein Tier? Hat das keinen richtigen Namen?«
»Ja: Brotzeltrops. Hab ich so genannt. Auch dieses Tier ist von der Erde verschwunden. Ach, wie so viele andere, von denen ihr Zweibeiner nicht mal mehr versteinerte Knochen finden könnt!«
Anna schaute Binka nachdenklich an: »Waren wir Zweibeiner ganz früher Dreibeiner, so wie du? Und hatten wir auch 27 Zehen?«
Binka lachte glucksend. »Das würde dir so passen!«
»Aber bis auf deine drei Beine siehst du doch wie ein Mensch aus. Wenn auch ein sehr kurz gewachsener...«
»Hö, hö«, unterbrach Binka sie, »werd nicht frech! Ich bin zwar kleiner, dafür aber auch schneller als du.«
Anna schüttelte lachend den Kopf und deutete nach rechts: »Siehst du dahinten diesen kleinen kahlen Berg? Wer von uns beiden zuerst ankommt, hat gewonnen. Und ich darf mir dann als Siegerin was ganz, ganz Irres wünschen.«
Binka sah sie erstaunt an. »Erstens verlierst du und zweitens: Wir können doch nicht mitten in der Vorzeit zwischen Sauriern und Brotzeltrops einen Wettlauf

austragen!«
»Warum denn nicht? Es sieht doch keiner zu.«
»Außer den Tabritzen.«
»Was ist denn das schon wieder?«, grinste Anna.
»Das sind schlangenartige kleine Erdmonster, die dich blitzschnell in ihre Mäuler ziehen.«
Anna schaute misstrauisch auf die Wiese. »Sind da welche?«
Binka machte ein ernstes Gesicht. »Das werden wir erst sehen, wenn es für dich zu spät ist.«
»Ich mach doch lieber kein Wettrennen mit dir. Obwohl ich gewonnen hätte.«
»Nein, nein! Ich bin es, ich, Zick Nick Nack Nobel Dibobel Dibibel Dibinka, der Erste und Letzte, der hiermit den ersten 100-Meter-Lauf in der Vorzeit der Erde gegen ein zweibeiniges Menschlein gewonnen hätte.« Er trommelte sich stolz gegen die Brust. »Was machst du denn?«, setzte er verdutzt hinzu, denn Anna war trotzig vom gläsernen Regenbogen runtergesprungen.
»Ich werde dich schlagen« rief sie, »auf drei geht's los. Wer zuerst am kahlen Hügel ist.«
Auch Binka sprang auf die Erde. »Das wollen wir doch mal sehen!« Er ging mit seinen drei Beinchen in die Knie, Anna tat es ihm mit ihren zwei Beinen nach. Rechts am Waldesrand zeigten sich drei drachenartige

Geschöpfe, die gleich angeberisch einen Feuerstrahl aus ihren Mäulern pusten wollten, aber nun verdutzt dem merkwürdigen Verhalten zweier Wesen folgten, die sie so noch nie gesehen hatten.

»Eins, zwei, drei – loooos!«, rief Anna und sauste davon. Schon lag sie vorne, doch da tauchte neben ihr, seine drei Beinchen wirbelnd, Binka auf. »Täteratätä«, rief er triumphierend und überholte sie. Anna rannte noch schneller, doch der Abstand zu Binka wurde größer. Plötzlich spürte sie, wie sich unter ihr die Erde aufwühlte. Sie schrie auf und machte während des Weiterrennens Luftsprünge. Sie sah immer mehr kleine Mäuler, mit scharfen Zähnen besetzt, die nach ihr schnappten. »Hilfe, Binka, Hilfe!«, schrie sie noch lauter, doch der schlug gerade als Sieger mit der Faust am Hügel an.

Hätte er nicht tun sollen, denn der Hügel entpuppte sich als ein riesiger Wummide, der wohl geschlafen hatte. Er streckte seine riesige, mit Schleim bedeckte Pranke aus, um Binka zu schnappen. Der wich gerade noch aus und sah, wie Anna von den kleinen Mistviechern in den Boden gezogen wurde. So schnell war er noch nie in seinem ewigen Leben gerannt, wie an diesem Nachmittag in der Vorzeit. Gerade noch erwischte er Anna. Er riss sie hoch und vollführte mit seinen drei

Füßen einen Trommelwirbel auf den gierigen Mäulern, sodass die sich wütend pfeifend in die Erde zurückzogen. Anna heulte hemmungslos und merkte, dass Binka sie auf seinen Händen zum gläsernen Regenbogen zurücktrug. Dieser Winzling trug die im Vergleich zu ihm riesengroße Anna auf seinen über den Kopf hoch gereckten Armen! Zum Schluss warf er sie auf den Regenbogen und, schwupps, hatte er sich neben sie gesetzt. Anna lag auf dem Rücken und schluchzte: »Ich will heim. Ich will nach Hause. Nie wieder will ich in die Vergangenheit!«

Binka strich ihr übers Haar. »Ja, ja, das kommt davon, wenn man sich mit mir sportlich anlegt. Und das noch dazu in frühester Erdzeit!«

Anna beruhigte sich langsam, schluchzte nur noch: »Binka, ich dank dir sehr, dass du mich gerettet hast.« Sie griff nach seiner Hand und küsste sie.

Dabei wurde dem Zwerg ganz wunderlich zumute. Tränen kullerten über seine Wangen.

»Deine Tränen sind ja gar nicht bunt«, rief Anna erstaunt.

»Wie ich dir schon sagte: Die Vergangenheit ist farblos«, schniefte Binka.

Anna ging nicht darauf ein. »Du warst doch auch in Gefahr. Der Hügel war ja auch ein Mistviech.«

»Das war ein Wummide. Wirklich ein ekelhaftes Viech. Sie wurden alle von den Sauriern aufgefressen. Die hatten sich an ihr schleimiges Gift gewöhnt.«

Anna rettet Ausgestorbene

Binka setzte sich wie ein Pilot in seiner Flugzeugkanzel zurecht und zog an ein paar gläsernen Farbsträngen. »So. Und jetzt ist mir dein Wunsch Befehl: Ab nach Hause!«

Da fühlte er, wie sich Annas riesige Arme um sein winziges Körperchen legten.

»Bitte, bitte, lieber Binka, ich muss doch für Mama und Papa ein Geschenk mitbringen. Nach jedem Ausflug mach ich das.«

»Aber nicht nach einem Ausflug in die Vergangenheit!«

»Ist das wieder ein Gesetz von hinter dem Weltall?«, spottete Anna

»Nein, das ist ein Gesetz von mir.«

Anna ließ ihn los, machte ein beleidigtes Gesicht und fing an, Binka am Bart zu kraulen. »Lieber, lieber Binka, ein ganz, ganz, ganz kleinwinziges Geschenk für Mama und Papa.«

»Lass sofort meinen herrlichen Bart in Ruhe!«, befahl Binka, aber in einem so gurrenden Ton, der Anna verriet, dass sie ihn schon halb rumgekriegt hatte.

Sie hauchte ihm noch ein »Biiiiitte« ins Ohr, Binka lachte auf, weil das so kitzelte und gab nach. »Also

pflück dir ein paar Blumen.«
»Das ist zu üblich. Wie wär's denn mit einem jungen Tierchen, das später ausstirbt, und das wir auf unserem Regenbogen in die Zukunft retten könnten?«
Binka atmete tief durch: »Das bringt die ganze Erdgeschichte durcheinander!«
»Das wär doch megacool«, sagte Anna. »Komm, flieg los. Wir suchen nach einem Nest oder einem Bau und stibitzen uns ein puschiges Tierchen.«
»Wenn das man gut geht«, murmelte Binka und ließ den gläsernen Regenbogen vom Boden abheben. Wie kommt das nur, dachte er, dass ich die verrücktesten Sachen mache, nur weil diese Anna an Bord ist? Ich, der ich sonst seit Millionen Jahren, gemäß den ewigen physikalischen Gesetzen, meinen Regenbogen am Himmel zeige, der ja nur sichtbar wird, wenn Regen auf Sonne trifft?
Weil, gestand er sich ein, dieses ewig gleichförmige Leben durch Anna eine unglaublich spannende Wendung genommen hatte! Erstmals beherrsche ich den Regenbogen, unabhängig von den Gesetzen der Natur.
»Ich bin ein Herrscher!«, brach es triumphierend aus ihm heraus.
»Du bist der kleinste größte Herrscher aller Zeiten«, pflichtete ihm Anna laut singend bei, wäh-

rend sie beide ganz langsam über die wunderbarste Tier- und Pflanzenwelt dahinschwebten. Anna kam aus dem Staunen nicht heraus. Da entdeckte sie im tiefen Gras ein ziemlich schlampig gebautes Nest, in dem fünf nackte, sehr kleine Saurier hungrig keiften und jaulten, sich gegenseitig beharkten und bissen.

»Binka«, rief Anna aufgeregt, »davon nehmen wir eines mit für Papa! Und für Mama diesen wunderschönen Pilz mit den vielen bunten Augen auf den langen Stielen.«

Binka umkurvte mit dem gläsernen Regenbogen das Nest. Die sich prügelnden kleinen Saurier waren nicht größer als junge Hunde.

Was soll's, dachte er. Ich kann ja doch nichts gegen dieses Früchtchen Anna tun. Soll sie ihren Willen haben und ihre Gegenwart, in die ich sie zurückbringe, gehörig auf den Kopf stellen!

»Also, spring und hol dir deine Geschenke!«

»Ich hol nur den Pilz, du musst diesen kleinen Geier holen.« Schon sprang Anna ins hohe Gras und eilte auf den Pilz zu.

Binka murmelte mit »Scheibenkleister!« den schlimmsten Fluch, den er kannte, sprang auch hinab und lief auf seinen drei Beinen zum Nest. Die kleinen

Viecher streckten ihm hungrig ihre Hälse entgegen.
»Ich hab den Pilz«, hörte er Anna rufen, während er sich eines der Kleintiere griff. Das biss wütend um sich und krähte gellend. Plötzlich verfinsterte ein riesiger Schatten das Nest und den winzigen dreibeinigen Nesträuber mit seiner viel größeren Beute im Arm. Binka sah nach oben und direkt in das Maul eines riesigen Sauriers, offensichtlich Vater oder Mutter von Binkas Beute. Er tauchte geschickt unter dem Maul weg und flitzte mit dem wütend jaulenden Tier zum Regenbogen. Immer wieder schnappte das riesige Maul des erwachsenen Sauriers nach ihm. Anna saß schon auf dem Regenbogen, schwenkte aufgeregt den Pilz und schrie: »Schneller, Binka, schneller!«
Binka lief jetzt im Zickzack, das Jungtier fest im Arm haltend. Wütend verbiss es sich in seinen Barthaaren.
Verdattert rief Anna: »Dich jagt ja der Saurier, aus dem du deine Schuhe gemacht hast! Lauf, Binka, lauf!«
»Das auch noch!«, stöhnte Binka und erreichte mit einem verzweifelten Sprung den Regenbogen. Er riss sich das kleine Tier aus den Barthaaren und warf es in Annas Arme. Dann zog er hastig an den gläsernen Farbsträngen. Der Regenbogen hob ab. Der Riesensaurier sprang hoch, um sich den Dieb und sein eigenes Kind zu holen, doch er schaffte es nicht. Binka ju-

belte und streckte dem ihnen nachglotzenden Saurier die Zunge raus.
»Jetzt hab ich's der Vergangenheit aber gezeigt!«, triumphierte Binka laut.
»Hilfe«, rief in diesem Moment Anna. Er sah zu ihr hin: Sie kämpfte mit dem kleinen, wütenden Tier, das sich in ihre Haare gekrallt hatte und schreckliche Laute von sich gab. Binka sprang zu ihr hin, riss das Tier aus ihren Haaren und umschlang es, trotz heftiger Gegenwehr, mit einem gläsernen Farbstrang. Gefesselt und verdutzt dreinblickend lag es nun neben Anna, die es liebevoll ansah. »Das wird Papa sehr, sehr freuen.«
»Das wage ich zu bezweifeln«, spottete Binka, »und jetzt ab in deine Gegenwart! »Anna, pass auf«, rief er plötzlich, »dein Pilz saugt dich an!«
Anna blickte an sich herab und schrie auf: »Verpiss dich!«
Die langen Stile des Pilzes zeigten nun kleine Rüssel, die sich an Annas Waden zu schaffen machten. Binka sprang hin, riss den Pilz zurück. »Und diesen fleischfressenden Pilz willst du deiner lieben Mama schenken?«
Anna rieb sich die Waden, die mit roten Punkten übersät waren.
»Nimm diesen gläsernen Strang und diesen, das sind

in Wirklichkeit Pratuzel und Gelb, streich beide sanft deine Wade entlang, so wird alles wieder gut.«
Anna nahm den Pratuzel Strang, schaute ihn neugierig an: »Binka, Pratuzel ist doch eine Mischung aus Wurstsalat mit Zwiebeln und großer Liebe?«
Der Zwerg war verblüfft: »Nicht schlecht, Frau Specht! Wurstsalat stimmt, aber nicht vermischt mit großer Liebe, sondern mit heftigem Abschiedsschmerz. Ist doch ganz deutlich zu sehen!«
»Wenigstens hab ich zur Hälfte recht.« Anna strich sich sanft mit Pratuzel und Gelb ihre Waden entlang. Die roten Wunden verschwanden sofort.
Ganz langsam, und je mehr Jahrhunderte sie nach vorne in die Gegenwart zurücklegten, nahm der gläserne Regenbogen wieder seine Farben an und schwebte zuletzt voll bunt in Annas Lebenszeit ein.
Je näher sie dem Assenbauernhof kamen, desto trauriger wurden beide. So ein gefährliches Abenteuer hatten sie erlebt, und gleich würden sie getrennt sein: Binka wieder stumm und allein auf weitere Ewigkeiten, Anna bei ihren Eltern, ihren Freundinnen, bei Emmeran, in ihrer Schule. Bereit für ihre Zukunft.
Auf einmal stoppte Binka den Regenbogen.
»Schau doch mal nach unten und erzähl mir, was du siehst, Anna.« Dabei grinste er scheinheilig.

Anna sah nach unten. »Das ist ja der Fixnerhof!« Sie entdeckt einen kleinen Buben in Lederhosen, der sich in den Hühnerstall des Fixnerbauern schleicht. Aufgeregtes Gegacker tönt zum Regenbogen hoch. Anna rief: »Binka, jetzt kommt der Bub wieder – ui, der hat ja mindestens fünf Eier in beiden Händen. Ganz schnell läuft er, genau zu unserem Hof! Der hat doch glatt der Fixnerbäuerin Eier stibitzt. Ich kenn den gar nicht, den Dieb.«

»Den kennst du schon, Anna. Das ist dein Papa. Da war er sechs Jahre alt.«

Anna lachte und klatschte in die Hände. »Jetzt hab ich ihn erwischt! Da bin ich aber gespannt, wie er sich da rausredet.«

»Das kannst du gleich machen, denn die 30 Jahre haben wir im Nu zurückgelegt.«

»Ich freu mich ganz irre auf daheim, Binka.«

Das rotzfreche Saurierkind schlief erschöpft, der blutgierige Pilz hatte verärgert seine bunten Augen zusammengekniffen und döste vor sich hin. Endlich herrschte mal wieder Ruhe auf Binkas Regenbogen.

Doch Annas eben noch fröhliches Gesicht verwandelte sich in ein trauriges. Als ob sie sich einen Ruck gegeben hätte, schlich sie auf allen Vieren zu Binka und flüsterte ihm ins Ohr: »Und wenn wir den Saurier und den Pilz nur vor unserer Haustür abladen und doch noch eine Runde fliegen, lieber Binka?« Zugleich kraulte sie wieder seinen knallbunten Bart.

Binka musste sich eingestehen, dass ihn Annas Frage glücklich machte. Er grunzte, als ob er stark nachdenken müsste. Dann sagte er mit aufgesetzter Strenge, obwohl ihm das Herz vor Freude hüpfte: »Nur unter zwei Bedingungen: Keine Reise mehr in die Vergangenheit, und du musst deinen Eltern eine Nachricht hinterlassen.«

»Einverstanden. Aber ich hab nichts zum Schreiben!«

»Nimm Gotzel, das wie Marzipantorte und lustiges Lachen aussieht, da, links von dir! Und dann noch Ratzel – ach, Anna, Du Neunmalkluge, wie beschreibst du Ratzel?«

Anna nahm die Farbe, die sie auch noch nie auf der Erde gesehen hatte, untersuchte sie genau. »Hm«, meinte sie dann, »ich würde sagen: Schweinswürstel mit eitlem Dreibeinzwerg.« Dabei lugte sie listig zu Binka.

Der war empört: »So was Gemeines! So eine widerliche Farbe gibt's nie und nimmer! Das ist doch Schweinswürstel mit Tapferkeit!«

»Ich seh's anders«, grinste Anna.

»Wenn du mich ärgerst, geh ich in einen Sturzflug

über! Und Du hängst nur noch an ein paar Fäden von Schweinswürstel mit Tapferkeit.«

»Trau dich ja nicht!«, drohte Anna fröhlich.

Binka hatte seinen Zorn nur gespielt und befahl ihr: »Reiß' von beiden Farben je ein Stück ab, walze die Fetzen zwischen Deinen Händen zu einer Platte und schreib mit dem Finger drauf. Aber bitte ohne Rechtschreibfehler!«

Anna streckte dem kleinen Oberlehrer die Zunge raus, riss sich Gotzel und Ratzel aus dem nun wieder riesigen Farbspektrum des Regenbogens, formte die Platte und schrieb darauf: *»Liebe Mama, der Pilz ist für Dich! Der braucht keine Erde, nur a bisserl Blut! Das kleine Wonneproppen Tierchen ist für Dich, lieber Papa. Es frisst alles und ist ganz zutraulich. Ich flieg noch eine Runde über Afrika. Tausend Bussis, eure Anna, die gerade von den Sauriern zurück ist. Das war zum Beeumeln!!!«*

Der Regenbogen senkte sich sanft auf den Bauernhof nieder. Anna beugte sich knapp über dem Boden nach vorne und legte den Pilz auf den Hof. Aber jetzt hatte sie ein Problem: das Wonneproppen Tierchen für Papa! Noch war das kleine Tier in Farbsträngen gefesselt, aber davon befreit, würde es sicher davonlaufen. Da erinnerte sie sich, dass ja von ihrem leider verstorbenen

Hund Beppo noch die Hundeleine neben der Stalltür hing. Sie löste das sich wehrende und lärmende Viech aus den Farbfesseln, sprang vom Regenbogen auf den Hof. Dort lief sie zur Stalltür und legte die Hundeleine dem kleinen Tier um den Hals. Das andere Ende verknotete sie mit dem Türriegel. Danach lehnte sie die Farbtafel mit ihrem Gruß an die Eltern an die Haustür. Beim Zurücklaufen sah sie Papa mit seinem Traktor und dem Anhänger auf den Hof knattern. Sie sprang auf den Regenbogen, der sich sofort hochwölbte. Anna blickte hinab: Ihr Papa starrte sie mit offenem Mund an und krachte mit dem Trecker in die Stadelwand aus Holz. Prompt löste sich ein Brett und traf Hans am Kopf.

»Hat mich Papa etwa gesehen, Binka?«, fragte Anna aufgeregt.

Verlegen räusperte sich der Zwerg: »Dein Papa tut mir leid. Jetzt weiß er, dass du lebst.«

Anna war hin- und hergerissen: »Du bist schon ein liebes Zwergerl. Aber deswegen blutet Papa jetzt.«

»Wollen wir wieder landen, Anna? Du kannst ihn ja verbinden und deine Geschenke mit viel Liebe, Blut und Fleisch selber großziehen!«

Anna geriet ins Grübeln: Hier das geliebte Zuhause mit ihren geliebten Eltern, dort das geliebte Abenteuer mit ihrem lieben Binka. Wie Blitze zuckten Für und

Wider durch ihren Kopf: »Binka, du bist das hinterlistigste Dreibein, dem ich je begegnet bin: Du hast mich überredet! Also auf zu einer neuen Reise! Ich will nach Afrika.«

Binka erschrak sichtlich.

»Was ist denn los, Binka? Sogar dein Bart zittert.«

»In Afrika treibt sich doch Zapp auf seinem grässlich krummen Regenbogen herum.«

»Na und?« fragte Anna erstaunt. »Alle Regenbogen sind gleich. Und Zapp ist eben dort der Regenbogenzwerg.«

»Zapp ist furchtbar.« Jetzt zitterte Binka sogar am ganzen Körper. Das Zittern übertrug sich auf seinen immer höher davonschwebenden Regenbogen.

»Also der totale Bosnickel«, sagte Anna und bekam Mitleid. Sie umarmte den Winzling. »Beruhige Dich, lieber Binka, wir machen einfach einen Bogen um ihn.«

»Er wird uns jagen«, kam es zittrig aus Binkas Mund.

Anna schaute ihn an, hob ihn hoch, streckte ihn auf ihren beiden Händen von sich weg und sagte streng: »Zick Nick Nack Nobel Dibobel Dibibel Dibinka, du Erster und Letzter, du hast ab sofort keine Angst mehr! Wir beide werden Zapp besiegen!«

Binka gab sich daraufhin ein entschlossenes Gesichtchen, nickte und sagte, wenn auch noch immer zitternd: »Du hast recht. Und wenn wir Zapp besiegt haben, zeig ich dir noch ganz kurz, wo ihr Zweibeiner zuerst aufs Land gekrochen seid.«

Annas tückische Geschenke

Unten schaute die kleine Dagi zufällig hoch, staunte und sagte zu ihrer Mutter: »Mama, schau mal, der Regenbogen zittert. Friert der?«

»Soll er doch«, antwortete ihre Mutter, »es vergeht ja kein Tag mehr, an dem dieser verrückte Regenbogen nicht irgendwas in der Luft anstellt. Die Leute reden ja von nichts anderem mehr.«

Sie gingen weiter, vorbei am Assenbauerhof. Dort entdeckte Dagis dicke Mutter, von Anna liebevoll »Tonnentäubchen« genannt, den Huberbauern, der sich den Kopf hielt und fluchend die kaputte Stadelwand betrachtete.

»Grüß dich, Hans«, sagte sie im Vorbeigehen, »was ist dir denn passiert? Und bluten tust du auch – soll ich dir helfen?«

»Nein, nein, ist schon in Ordnung, Lisi. Mich hat nur der verdammte Regenbogen geblendet.«

»Der g'hört abg'schossen«, kam es im Weitergehen wütend von Dagis Mutter!

Hans zuckte zusammen: Auf dem Regenbogen saß doch seine Anna. Entsetzt rief er Lisi hinterher: »Und wenn Anna da drauf ist? Du bist ja a Killerin!«

»Siehst, Dagi«, beugte sich das Tonnentäubchen zu ihrer Tochter runter und flüsterte, »durch den ganzen Regenbogenschmarrn ist jetzt auch der Huberbauer narrisch g'worden.«

Der Narrische drückte derweil einen Lappen auf seine Wunde und ging um den Stadel herum. Wie angewurzelt blieb er stehen: Da krächzte und jaulte ein grässliches nacktes Viech ohne Fell an Beppos Hundeleine. Und daneben lag ein wunderschöner, riesiger roter Pilz mit zahllosen bunten Augen an langen Stielen. Hans machte die Augen zu, hoffend, dass er durch das Brett eine momentane Sehstörung erlitten hatte. Er öffnete sie wieder: Das Viech war immer noch da! Der Pilz auch! Das war Anna! Er hatte ja gesehen, wie sie auf den Regenbogen gesprungen ist. Diese total unwirkliche Szene hatte ihn mit seinem Traktor in die Stadelwand krachen lassen.

Langsam näherte er sich dem kleinen Tier. Das war so hässlich, dass es ihn grauste. Er streckte die Hand aus und säuselte dazu beruhigend wie Anna in der Saurierzeit zuvor: »Butzi, Butzi, Butzi…«

Doch Butzi schnappte nach seiner Hand. Hans sah die winzigen, aber scharfen Zahnreihen aufblitzen und trat erschrocken zwei Schritte zurück. Butzi wollte ihm wütend nach, doch Beppos Leine hinderte ihn daran.

Hans ging zum schönen Pilz, betrachtete ihn von allen Seiten, umrundete ihn vorsichtig und merkte dabei, dass sich die Augen auf den langen Stielen aufrichteten und ihn verfolgten.
Er hob den Pilz hoch und staunte, als mit leisem Kreischen die vielen Augen kleiner wurden und stattdessen vielfarbige Schlünde herausquollen, von denen einige sich sofort unter den blutigen Lappen auf seiner Stirn zur offenen Wunde schlängelten und sich daran festsaugten. Erschrocken riss Hans die gierigen Stiele weg. Er ließ den Pilz fallen.
»Du blutgieriges Pilzmistviech kommst mir sicher nicht in die Pfanne, sondern zur Wissenschaft und wirst seziert! Auseinander g'schnitten! Da wirst a Freud haben!«
Er nahm den blutgetränkten Lappen von seiner Kopfwunde, dachte kurz nach und warf ihn auf den Boden. »Wulli, Wulli, Wulli«, rief er zum Pilz, »komm, komm! Bluti, Bluti, frisches Blut, lecker, lecker Menschenblut…«
Gerade kam seine Frau vom Einkaufen auf den Hof zurück und dachte, dass ihr Hans verrückt geworden sei. Redete der doch auf ein wunderhübsches rundes Ding mit knallbunten Stielen liebevoll ein. Sie erschrak, denn dieses Ding schoss seine Stiele in Richtung eines

Lappens, der mit roter Farbe getränkt zu sein schien und zog ihn zu sich hin. Jetzt hörte sie nur noch ein Schmatzen und Zuzeln. Kurz darauf war der Lappen porentief rein.

Hans spürte Lenas Hand auf seiner Schulter und hörte sie flüstern: »Was ist das denn für ein Tier? Ich habe solche Angst.«

»Ich weiß es nicht«, flüsterte er zurück. »Aber es stammt von unserer Anna. Auch das Mistviech da hinten.«

»Aber du blutest ja, Hans!« rief Lena.

»Anna ist schuld. Ihretwegen bin ich mit dem Traktor gegen die Stadelwand gekracht. A Brettl is' mir aufs Hirn g'fallen.«

»Wieso Anna?«

»Ich hab g'sehn, wie sie auf den Regenbogen sprang.«

Lena schaute ihn erschrocken und äußerst misstrauisch an: »Hans, ich glaube, wir müssen sofort zum Arzt!«

»Erklär du mir doch, woher dieser blutgierige Pilz kommt und dieses gräusliche Viech dort!« Er deutete auf Butzi.

Seine Frau zuckte nervös, als sie Butzi entdeckte. Der war zwar eingeschlafen, sah aber dennoch wenig vertrauenserweckend aus.

»Wo ist Anna jetzt?«, fragte sie aufgeregt. Schon rief sie laut nach ihr: »Anna! Anna!«

»Ich hab's dir doch g'sagt. Die ist wieder mit dem narrischen Regenbogen davon.«
»Hans, wir müssen wirklich sofort zum Arzt!«
Sie zog an ihm, doch Hans blieb störrisch stehen.
»Logisch, dass du mir nicht glaubst. Ich mir ja auch net. Aber die zwei G'schenke sind echt, schnappen nach deiner Hand und zuzeln Blut aus Tüchern.«
»Ich glaub dir alles, aber das können wir auch beim Arzt besprechen. Du hast eine Gehirnerschütterung.«
»Schau doch g'nau hin!«
Lena wollte nicht, bugsierte stattdessen sanft ihren Mann in Richtung Haus. Dort entdeckte sie noch etwas Fremdartiges, was an der Eingangstür lehnte. Es war sehr farbig und sah aus wie ein platt gedrückter Stein. Sie ließ Hans stehen, bückte sich, hob das Ding auf und stieß einen Schrei aus: »Das ist Annas Handschrift!«
Beide lasen stumm den Text, heulten gleichzeitig los und setzten sich völlig perplex auf die Hausbank neben der Eingangstür. Nachdem sie sich beruhigt hatten, lasen sie noch einmal halblaut den Text.
»Du hast doch richtig gesehen, Hans, du bist nicht verrückt: Anna muss wirklich mit dem Regenbogen hier gewesen sein. Was sollen wir denn tun?«
»Vor allem ihre verfressenen Geschenke verstecken!

Und ich mach mich schlau, was das für ein Viech ist und was für ein Pilz. Aber, Lena«, er wandte sich zu ihr, »Annas Geschenke und ihren Brief darf nie, nie einer sehen! Sonst kommen wir beide ins Irrenhaus!«
Lena schüttelte den Kopf: »Schatzerl, du hast doch schon mal was gemacht, was sie dir zunächst nicht geglaubt haben. Die drei Schühchen, die tatsächlich aus Saurierleder gefertigt waren! Du musst denen dieses Viech und den Pilz übergeben.«
Hans dachte nach. »Vielleicht hast du recht. Aber erst mach ich mich schlau!«
Er stand auf und bat seine Frau: »Kannst du dem Mistviech die Schweinsfüße geben und dem Pilz a bisserl Schweineblut? Ich glaub, die sind hungrig.« Er grinste: »Die ham ja schon Millionen Jahre nix mehr g'fressen.«
Als sie beide ins Haus gingen, blieb Lena stehen und lachte Hans an: »Das gibt's doch nicht! Da erleben wir beide etwas, was es einfach nicht geben darf, und schon drei Minuten später nehmen wir es als normal hin!«
»So ist der Mensch«, nickte Hans und war heimlich stolz auf seine kluge Bauernweisheit.

*

Oben auf dem Regenbogen hatte sich Binka inzwischen beruhigt, versuchte aber, Anna von Afrika abzubringen. »In Afrika ist es so heiß. Neuseeland ist viel schöner. Da fliegt Traxi auf seinem Regenbogen. Ein wirklich mutiger Kerl. Mit dem hab ich vor 347 Millionen Jahren mal eine Monsterameise gejagt. Das war lustig!«

»Du Tierquäler«, spottete Anna. »Armen Dinosauriern die Haut vom Po wegfressen und Ameisen jagen! Ein für alle Mal: Wir fliegen jetzt nach Afrika!«

»Die Haut war nicht vom Po. So was täte ich nie! Sie war von der Flanke«, verteidigte sich Binka.

Anna lachte ihn aus, stutzte dann: »Du, Binka, ich muss auf die Toilette.«

»Ich hab mich schon gewundert, Anna! Da fliegst du schon durch Hunderttausend Jahre und musst nicht ein einziges Mal ein Geschäft verrichten. Also nimm dir Knirpsel, ja, genau die Farbe, die wie ein Rülpser, vermischt mit Apfelsaft leuchtet. Dazu dieses olle Gelb und Grün. Die drei Farben ziehst du hinter die Wand aus Morbitz, dort hinten, die da wie Faulheit und Spucke leuchtet. Dazu nimmst du Bastrist, die genauso aussieht wie die Zahl 7 in Erdbeeren – klasse Farbe, Anna! Und nimm noch das von euch Zweibeinern abgenutzte blöde Blau. Dann kannst du dich erleichtern. Und putz dich mit Rapiri ab, das ist diese ganz weiche Farbe dort links, ja, genau die da, die aus Verzweiflung

und Blaubeertorte. Meine Güte, dass man dir jede Farbe erklären muss!«
Anna zog sich zufrieden hinter die Wand aus Faulheit und Spucke zurück.

*

»Guck mal, Onkel«, sagte unten auf der Erde der kleine Barim mitten auf Malta, »jetzt kackt der Regenbogen!«
Sein Onkel lachte ihn liebevoll an: »Du und deine Fantasie! Kein Regenbogen kann kacken….«
Klatsch machte es vor seinen Füßen. Er sprang zur Seite, sah nach oben, wo ein wunderschöner Regenbogen am Himmel entlang flog, schüttelte den Kopf und grummelte: »Dabei hab ich gar kein Flugzeug gehört. Da muss ein Riesenvogel sein Geschäft gemacht haben.«
»Nein, es war der Regenbogen. Darf ich seine Kacke mit nach Hause nehmen?«
»Untersteh dich!«, mahnte ihn sein Onkel.

*

»Oh je, was hast du gemacht, Anna!« Binka lugte entsetzt nach unten.
»Was denn?«, fragte Anna.
»Schau runter. Da siehst du, wie Barim weinend seinen Onkel zu deinem Geschäft zurückzerrt! Du hättest die zwei beinahe getroffen. Du solltest doch Deine Kacke mit Lila in Energie umsetzen!«

»Das hast du mir nicht gesagt«, widersprach ihm Anna und lachte laut auf, als sie nach unten blickte: Gerade hüllte der Onkel für Barim ihr Häufchen in ein Stück Papier und steckte es in eine Plastiktüte.
Auch Binka lachte: »Da siehst du mal, wie wichtig selbst deine Kacke ist!«

*

Widerwillig verstaute Barims Onkel die vom Himmel herabgeklatschte Gabe in einem Säckchen. »Das mach ich aber nur«, ermahnte er seinen Neffen, »weil ich von diesem neuen Regenbogen gehört habe. Der macht ja die verrücktesten Sachen. Vielleicht kann man die Kacke untersuchen und weiß dann, was da oben vor sich geht.« Dabei schüttelte er das Säckchen vor Barims Augen. Der sagte sehnsüchtig: »Da will ich auch mitfliegen.«
Sein Onkel gab sich ganz ernst, doch ein Lächeln umspielte seine Mundwinkel, als er seinen Neffen belehrte: »Wenn du mal auf das Ende eines Regenbogens triffst, bei uns auf der Wiese, musst du ganz schnell hinlaufen und ihn bequatschen, dass er dich mitnimmt.«
Fasziniert sah ihn sein Neffe an: »Das glaubst du doch selbst nicht!«
Sein Onkel sah ihn versonnen an. »Ich hab als Kind ganz fest daran geglaubt. Ein wunderschöner Traum,

sich vorzustellen, mit einem Regenbogen um die Erde zu fliegen!«

*

Oben kuschelte sich Anna in vier Farbstränge und sagte schläfrig: »Ich schlaf jetzt mal. Du weckst mich bitte, wenn wir den Äquator überfliegen. Gute Nacht, lieber Binka.«
Sie schloss die Augen. Binka betrachtete sie nachdenklich. Erst durch diese Anna mit dem starken Willen hatte er in den vergangenen Tagen schon mehr erlebt, als in seinem ganzen ewigen Leben davor. Wie das wohl enden wird? Er wusste: Zweibeiner in der jetzigen Zeit konnten nichts weniger ertragen als etwas, was sie mit ihrem Verstand nicht erklären konnten. Früher hatten sie ihn angebetet, ach, war das wohltuend! Die letzten Worte dachte er schon ganz leise, schlief auch ein, nachdem er seinen Regenbogen auf automatischen Flug nach Afrika eingestellt hatte.

*

Hans fluchte wieder mal. An Beppos Leine zog er das um sich fauchende, kleine Viech in den Stall zu den Kühen. Das hätte er lieber sein lassen sollen, denn seine braven Milchgeberinnen regten sich in einer Weise auf, die er noch nie erlebt hatte. Nicht nur, dass sie empört losmuhten, nein, sie bäumten sich auf, schlugen mit Beinen um sich und peitschten mit den Schwänzen. Es war, als ob sie etwas äußerst Gefährliches aufgeschreckt hätte. Hatte sie ja auch: Butzi! Der war ganz still geworden, beäugte gierig die Kühe wie köstliche Frühstückshäppchen, hockte sich hin und leckte sich mit seiner ellenlangen Zunge das Maul.

Hans beobachtete ihn dabei. »Wenn du denkst, dass meine Kühe deine Brotzeit sind, hast du dich getäuscht!« Er riss an der Leine und schleifte das sich wild sträubende Geschenk seiner Anna in den seit der letzten Schlachtung leeren Schweinestall. Dort ersetzte er in einer unrühmlichen Rauferei mit Butzi Beppos Hundeleine durch ein längeres und stärkeres Seil, das er an einem eisernen Ring an der Wand befestigte. Butzi biss wütend hinein.

»Reg dich ab, Mistviech, miserabliges. Kriegst gleich was zu fressen und zu saufen.«

Er ging aus dem Schweinestall über den Hof und rief durch die Tür ins Haus: »Lena, wo bleiben die Schweinsfüß' für'n Butzi.«

»Kommen gleich!«, rief seine Frau.

Hans ging zum Blutsäuferpilz in den Stadel. Die bunten Stiele des bildschönen roten Pilzes reckten sich ihm sofort entgegen. Hans wurde es mulmig. Er zog sich die dicksten Arbeitshandschuhe an und hob Wulli hoch. Was er vergessen hatte, war seine Kopfwunde. Schon hatten sich die bunten Rüssel daran festgesaugt und begannen zu schlürfen. Hans schrie auf, riss den Pilz mit aller Kraft weg und trug ihn mit weit ausgestreckten Armen in den Holzstadel. Er wollte es nicht glauben: Diese gierige Pilzkugel mit ihren Saugstielen, auf denen so treuherzige Augen saßen, schaute ihn tatsächlich aus engen Augenschlitzen wütend an. Dazu gab der Pilz einen warnenden Ton von sich.

»Du wärst sicher der Hit in jedem Gemüseladen!«, lachte Hans, warf den Pilz in eine alte Tonne, in der er sonst Reisig sammelte, und schloss die Stadeltür hinter sich.

»Na warte, Anna, wenn du nach Hause kommst«, murmelte er auf dem Gang ins Haus. Lena kam ihm mit den 16 Schweinefüßen entgegen, die sie eigentlich zu Sülze verarbeiten wollte.

»Den Lump aus der Vorzeit hab ich im Schweinekoben angebunden. Schmeiß ihm die Füße einfach rein. Ich muss mich jetzt endlich schlaumachen. Und bring dem Giftpilz irgendwas Blutiges.«

»Glaubst du, du kannst deinen Butzi zähmen?«, fragte Lena ihren Mann.

»Genau so wenig wie du dein Pilzmonster Wulli«, antwortete der.

Wieder mussten beide lachen. Doch hinter ihrer Lache lauerte Angst.

»Ich bring Wulli noch den Eimer mit Schweineblut. Da wird er schön aufblühen.«

»Warum hat uns Anna keinen sanften Pflanzenfresser geschenkt?«, fragte Hans nachdenklich.

»Anna isst nun mal gerne Fleisch«, antwortete ihm Lena, grinste und ging rufend zum Schweinestall: »Butzi, Butzi, Fleischi, Fleischi gibt's! Lecker, lecker Schweinifüßchen!«

*

Nachdem Hans die drei Lederschühchen fachkundigen Wissenschaftlern übergeben und von ihnen zu absolutem Stillschweigen verpflichtet worden war, hatte er sich Bildbände über die Erdgeschichte gekauft. Darin wurden nicht nur die aus Knochenfunden rekonstruierten Saurier dargestellt, sondern zugleich auch die Entwicklungsgeschichte des Menschen. Jetzt nahm er sich die Bücher in der Wohnstube wieder vor.

»Ich werd' schon noch rauskriegen, was für eine Saurierart du blöder Butzi bist«, murmelte er und schlug den ersten dicken Bildband auf. Er blätterte ihn durch. Dort war auch ein langes Kapitel mit Fotos von Felszeichnungen. Hans erstarrte: Zwischen all den in Stein geritzten oder gemalten Tieren und Menschen entdeck-

te er seine Anna! Zwar nicht so genau wie auf einem Foto, aber mit ihrem Haar und vor allem mit dieser Opal-Halskette. Auf der Felszeichnung biss sie gerade in ein viel zu großes, nein, riesiges Hühnerbein.
Er polterte vom Tisch hoch, raste nach draußen und rief: »Lena, Lena, komm schnell, ich hab Anna beim Essen in der Steinzeit entdeckt!«
Lena studierte die Zeichnung und begann zu weinen: »Wir hätten Anna glauben müssen.«
Jetzt liefen auch bei Hans die Tränen. Er schlug das Buch zu und polterte: »Das ist ein Schmarrn! So was kann's nicht geben!«
Lena schluchzte noch mehr: »Jetzt haben wir unser geliebtes Annele an die Steinzeitmenschen verloren. Sie wird nie wieder heimkommen.«

Der furchtbare Zapp taucht auf

Geweckt wurde Binka, weil er nießen musste. Er machte die Augen auf und sah, über sich gebeugt, Annas grinsendes Gesicht. Mit einem dünnen Kaputzelstrang hatte sie ihn in der Nase gekitzelt.

»Wach auf, Binka, du Gähnaff, du verschläfst ja ganz Afrika.«

Er rappelte sich hoch, rieb sich die Augen und musste noch einmal gewaltig nießen, was Anna zum Lachen brachte.

»Weißt du, Binka, worüber ich vorhin nachgedacht habe? Warum kann der Regenbogen eigentlich fliegen?«

»Das ist ganz einfach, Anna. Uns trägt die Sehnsucht von euch Zweibeinern.«

Anna sah ihn verdutzt an, gab ihm eine ganz leichte Kopfnuss und spottete: »Du Parkbankphilosoph, so was Blödes hab ich noch nie gehört.«

Binka lächelte still in sich hinein, schaute nach unten, und seine Augen weiteten sich. »Wir sind schon in Zapps Reich!«, rief er aufgeregt. »Was mach ich nur, was mach ich nur?« Er riss an verschieden Farben. »Wir müssen uns unsichtbar machen, schnell, Anna, schnell!! Nimm Rot, Grün und Kutzel! Die da, direkt

über deinem Kopf, die wie Vergesslichkeit und Pferdetränen leuchtet. Dazu noch Pertra, nein, die Farbe rechts von Kutzel, die da aus Aberglauben und geschmücktem Weihnachtsbaum. Die will ich schon seit Millionen Jahren aus meinem Regenbogen werfen, aber sie klebt sich so fest an Kutzel! Und jetzt noch, weiter links, da leuchtet Milpa, die Farbe wie Vergesslichkeit, vermischt mit Bier. Mach daraus einen Zopf!«
Anna griff sich die Farben. Auch sie wurde jetzt nervös und flocht mit fahrigen Händen los.
Der warme afrikanische Wind war mit Regentropfen vollgesogen, die aus dicken Wolken kamen, während gleichzeitig auch die Sonne schien.
»Endlich mal wieder innerhalb der Naturgesetze«, murmelte Binka.
Anna flocht weiter. »Was hast du denn gegen Zapp?«, fragte sie.
»Was hat Zapp gegen mich, musst du fragen«, kam es verärgert und zugleich ängstlich zurück. Nervös ging Binka auf seinen drei winzigen Beinchen vor Anna auf und ab, wobei das durch die federnden Farben des Regenbogens eher ein schwingendes Springen wie auf einem Trampolin war.
»Hast du ihm auch ein Stück Haut rausgebissen? Wie dem armen Saurier«, fragte Anna scheinheilig.

»Wie kann man einem so giftigen, winzigen Zwerg wie diesem Zapp noch ein Stück Haut rausbeißen«, raunzte Binka zurück.
Anna grinste: »Wer mich als erstes Mädchen seit der Griechin auf seinen Regenbogen packt, wer mit mir in die Vergangenheit fliegt, wer dort Blumen und niedliche Saurierkinder raubt, dem traue ich alles zu!«
»Da hast du wohl recht«, ertönte eine stählerne Stimme. Zugleich bohrte sich von unten die Spitze eines anderen Regenbogens zwischen Binka und Anna. Beide purzelten nach hinten. Auf der Spitze dieses Regenbogen-Spießes stand in herrischer Haltung ein Männchen. Es ließ Anna erschrocken aufschreien. Zwar hatte es, wie Binka, auch drei Beine, aber weder Bart noch Haare am Kopf. Dafür aber von oben bis unten furchtbare Narben. In ihnen kringelten sich Würmer, winzige Schlangen und Ameisen.
Jetzt griff sich dieses Zwergen-Untier ihren Binka. Anna hörte ihn zum ersten Mal quietschen. Das Narbenmonster hielt sich Binka vor die Nase und schrie mit seiner stählernen Stimme: »Was tust du in meinem Reich? Und wer ist diese hässliche zweibeinige Kröte?«
Blitzschnell griff er sich Anna mit der anderen Hand und hob auch sie sich vors Gesicht. Trotz aller Todes-

angst dachte Anna staunend: Der ist ja noch stärker als Binka!

*

Unten auf der Erde sah der kleine Riblo, Nachkomme des großen Zulu-Königs Cetshwayo kaMpande, nach oben und sagte zu seinem Erzieher »Guck mal, da hat ein Regenbogen den anderen aufgespießt.«

Der weise Erzieher verneigte sich vor Riblo und sagte ein bisschen oberlehrerhaft. »Eure königliche Hoheit, darf ich Euch auf die Naturgesetze aufmerksam machen, nach denen es unmöglich ist…« Er starrte nach oben und stotterte: »Königliche Hoheit, ich muss mich verbessern: Naturgesetze machen es seit Neuestem möglich, dass Regenbogen einander aufspießen.«

Der weise Erzieher fing an zu weinen. Seine königliche Hoheit musste ihn trösten.

Nicht nur die zwei waren erstaunt. Überall im weiten Umkreis blickten die Menschen in den Himmel. Dort hatten sich wirklich zwei Regenbogen ineinander verkeilt. Es sah sehr, sehr bedrohlich aus. Viele rissen ihr Handy hoch und filmten oder fotografierten dieses noch nie beobachtete Ereignis.

»Das Ende der Welt ist nahe!«, riefen die einen. Andere schimpften: »Die Regenbogen werden frech!« Viele warfen sich zu Boden und riefen klagend: »Ich bin schuldig! Ich bin sündig!« Und eine zu Trübsal neigende Oma murmelte: »Die Naturgesetze gehen unter! Und wir mit ihnen!« Sie hielt zur Abwehr des Bösen ihr Amulett mit beiden Händen in die Höhe.

*

Oben presste Anna, die kaum noch Luft bekam, mit schwacher Stimme hervor: »Bist du Zapp?«

Der stählerne Zwerg sah verblüfft zu ihr hin, schüttelte Binka heftig durch, sodass dessen Farbtropfen nur so flogen, schrie ihn an: »Und dieses hässliche Zweigebein kann sogar sprechen! Spricht sogar mich an, mich, den allseits gefürchteten großen und einzigen Zapp Zappzarapp Zapp Zarapp Di Robinson, den Ersten und Letzten und vor allem Schönsten!«

Doch jetzt passierte diesem total verwurmten Angeber, was ihm in Ewigkeiten nicht passiert war: »Boing« machte es, und er hatte eine Kopfnuss auf seinen mit Ungeziefer aller Unart besetzten Kopf abbekommen. Von Anna. Einfach so. Vor Schreck und Erstaunen ließ Zapp sie und Binka fallen, rief »Aua!« und hielt sich den Kopf. Währenddessen hörte er die Zweibeinerin sagen: »Du sagst nie wieder, dass ich eine hässliche Kröte bin! Verstanden? Du Schande jedes Regenbogens!«

Anna stand in ihrer ganzen zornigen Größe vor die-

sem mit Narben und Gewürm überzogenen Zwerglein, doch ihr Zorn verwandelte sich in Angst, denn jetzt begann Zapp zu wachsen. Erst erreichte er Annas Knie, dann ihre Hüfte, ihre Schultern, schon war er so groß wie sie selbst, doch er wuchs weiter. Auch das Gewürm in seinen Narben wurde größer, wuchs und wuchs. Jetzt musste Anna schon den Kopf nach hinten biegen, um noch Zapps Gesicht sehen zu können. Doch verschwand auch das in immer fernerer Höhe. Wie aus dem Weltall hörten sie beide ohrenbetäubend laut Zapps Stimme: »Ich hasse Kinder! Ihr blödes Kichern, ihre dümmlichen Spiele, ihr doof wackelndes Laufen nach jedem Ball, ihr Gesabber beim Essen, ihr Schmatzen, ihre ewig laufenden Nasen, ihr dämliches Weinen für nichts und wieder nichts, und – kaum aus den Windeln – ihr eitles, altkluges Gerede! Klar, dass da nur sowas Krötiges auf zwei Beinen entstehen kann, wie du es bist, Anna! Ich hasse dich, ich hasse all diese zweibeinigen Missgeburten, die auf meiner Erde nichts verloren haben!«
Anna wurde bei Zapps Rede immer wütender. Jetzt trat sie ihm fest auf seinen rechtesten Fuß. »Aua!«, schrie der wieder, schnurrte auf Annas Größe zusammen und sprang auf seinen drei Füßen schmerzerfüllt herum. »Das zahl ich dir heim! Ihr zwei werdet Furchtbares

erleben! Ich werde euch und euren Regenbogen zermanschen!«

Anna war nicht zu bremsen: »Das kannst du vergessen! Hau lieber ab!«

Zapp riss die Augen auf: Dass dieses zweibeinige Scheusal so gar keine Angst mehr vor ihm zeigte, ärgerte ihn.

Er sprang auf die Spitze seines Regenbogens und hielt sich weiter den Kopf, wo ihn Annas Kopfnuss getroffen hatte. Selbst die Würmer und Maden schienen an dieser Stelle rot geworden zu sein. Einige waren allerdings nur noch ein schleimiger Batz.

»Ich werde euch zermanschen!«, schrie er von dort noch einmal und zischte samt Regenbogen nach unten weg.

Binkas Regenbogen schloss sich über dem Loch.

»Puuuh!«, stöhnte Binka erleichtert auf, während Anna zu weinen begann. Erst jetzt drang die schreckliche Szene mit Zapp in ihre Seele.

»Du musst nicht weinen«, tröstete Binka sie, sprang auf ihren Schoß, reckte sich hoch, um ihr Gesicht zu streicheln. Anna ließ ihn gewähren.

»Sei doch stolz, liebes Annerl, der hat noch nie eine Kopfnuss bekommen, dieser affige Zapp.« Er tätschelte anerkennend ihre Wange. Jetzt musste auch Anna grinsen. »Eigentlich darf man nicht schlagen oder Kopfnüsse verteilen, und ich will mich bei unserem nächsten Treffen auch bei Zapp entschuldigen…«

»Nein, nein, nein«, unterbrach Binka sie aufgeregt, »den wollen wir nie mehr treffen. Wir hauen jetzt sofort ab, zurück nach Europa!«

»Weil er uns sonst zermanscht?«, fragte Anna und fühlte sich auf seltsame Art wieder angstfrei und stark.«

»Ja«, blieb Binka ernst. »Der macht die ekelhaftesten Sachen mit seinen Farben. Die hat er zu lauter Speeren, Pfeilen und Gewehren umgeformt.«

»Farben können doch nicht schießen!«, zweifelte Anna.

»Hast du eine Ahnung! Gerade neulich, im Sommer vor genau einer Million fünfhundert siebenundsechzig Jahren hat er mich mit zwei Alpra-Kugeln in den Rücken geschossen. Rechts von dir, siehst du diese böse Farbe, die wie Sturheit zwischen Hundeflöhen glitzert? Das tat furchtbar weh. Mein Glück: Es dauerte Gott sei Dank nur zwei hunderttausend Jahre, bis ich mich wieder richtig bewegen konnte, aber teuflisch war's trotzdem.«

»Und du hast ihm wirklich vorher kein Stück Haut rausgebissen oder die Würmer von seinem Kopf geschleckt?«

»Iiiii«, zeigte Binka seinen Ekel. »Da war nichts. Absolut nichts.«
Anna grinste ihn an. »Wirklich nicht? Auch nichts Klitzekleines?«
Binka wurde rot und murmelte etwas vor sich hin.
»Ich kann dich nicht verstehen, Binka?«
Binka murmelte etwas lauter.
»Ich kann dich immer noch nicht verstehen!«
»Ich hab – aber wirklich nur aus Versehen – Zapps Regenbogen über einem, hm, zufällig anwesenden, sehr giftigen Sumpf ein Bein gestellt.«
»Und er ist samt seinem Regenbogen hineingeplumpst?«
»Ja«, kam es sehr verlegen aus Binkas Mündchen.
»Boing« machte es, und nun hatte auch er von Anna eine Kopfnuss abbekommen.
»Aua«, rief er wie zuvor Zapp, hielt sich die getroffene Stelle und maulte: »Eben hast du noch gesagt, dass man nicht schlagen und keine Kopfnüsse austeilen soll. Jetzt musst du dich bei mir entschuldigen.«
Anna hatte offensichtlich ihr Fehlverhalten eingesehen, pustete tröstend auf Binkas Kopfnussstelle und schloss die ganze Diskussion mit der Aufforderung ab: »Weißt du was, Binka? Wir bleiben in Zapps Reich, hauen aber in die afrikanische Vergangenheit ab. Da

kann er uns nichts tun.«
Binka rief »Ui ja!«, sprang von Annas Schoß und riss an ein paar Farbsträngen.

*

Kurz darauf erlebten auf der Erde die afrikanischen Menschen das gleiche Schauspiel, das schon die Europäer verwundert hatte: Mit großem Getöse, einem riesigen Feuerwerk, einem Urknall und einem lang gezogenen Pups verschwand der Regenbogen vom Himmel.

*

Mit fünffacher Lichtgeschwindigkeit raste Binkas Regenbogen zum zweiten Mal in die Vergangenheit.
»Halt, halt«, mahnte Binka sich selbst und drosselte die Geschwindigkeit. Anna sah unter sich gewaltiger Vulkane. Schwefeldämpfe strömten empor, die ihr den Atem nahmen. Lava-Seen, so groß wie Meere, brodelten bis zum Horizont. Blitze zuckten ununterbrochen vom Himmel, ein stinkender Regen prasselte durch den Regenbogen hindurch, der jetzt mächtig ins Schaukeln geriet.
»Ich bin zu schnell und zu weit zurückgeflogen«, rief Binka, »das ist ja die Urerde.«
Anna war trotz Atemnot gebannt: »Das ist ja ein einziger Höllenschlund«, bibberte es aus ihr heraus. »Binka, Binka, da unten fängt das Ende unseres Regenbo-

gens an zu brennen! Und jetzt brennen schon Grün und Kaputzel, ah: und Wirtig auch…«
Binka schrie zurück: »Du musst löschen!«
»Womit denn?«
»Natürlich mit Kortzel! Kortzel musst du wringen, dann schießt sie Wasser wie aus einer Feuerwehrspritze.«
»Wo ist denn dein blödes Kortzel?« Anna wurde immer aufgeregter.
Binka deutete auf ihre Füße: »Du stehst auf der Farbe! Sieht aus wie Schneegestöber, vermischt mit Wehmut.«
Anna riss sie aus dem Farbengewirr hoch. Drückte mit beiden Händen schwer schnaufend den Farbstrang zusammen und jubelte: Ein starker Strahl ging auf das lodernde Ende des Regenbogens nieder. Dampfwolken stiegen auf. Anna schaute genau hin und jubelte nicht mehr. »Binka, das Feuer frisst sich immer höher zu uns hin! Mach doch was!«
»Ich mach ja was! Ich muss zurück in die Zukunft, dann geht das Feuer von alleine aus.«
Er riss an verschiedenen Farbsträngen. Er schwitzte stark. Die farblosen Farbtropfen flogen nur so um seinen Kopf. Jetzt fingen selbst die schon Feuer, platzten mit einem lauten »Plopp« auseinander.
Endlich zog Binka an den richtigen Farbsträngen, das Feuer erlosch von selbst. Ihr Regenbogen wölbte sich

jetzt über einer Erde, die nur aus Felsen bestand. Riesige Meteoriten donnerten darauf, zerplatzten beim Aufschlagen, rissen Krater in die Erde. Andere sprangen wie Tennisbälle wieder hoch.

»Das soll unsere olle Erde sein?«, wunderte sich Anna halblaut.

»Klar«, antwortete Binka, »was meinst du, was die Erde an Abenteuern erzählen könnte. Aber dazu ist sie eben zu faul. Wo ist denn jetzt nur wieder der Zeitenumkehrschub?«, setzte er leicht wütend hinterher und fummelte in den Tausenden von Farben, die allerdings keine Farben mehr waren, sondern gläsern durchsichtig.

»Verdammte gläserne Vergangenheit«, rief er, probierte diesen und jenen farblosen Strang. »Jetzt hab ich's!«, jubelte er dann triumphierend, und Anna konnte beobachten, wie sich unten die Erde wieder von der mit Meteoriten bombardierten Wüste in den dampfenden, feurigen schwefeligen Höllenschlund wandelte. Sie kamen ins ruhigere Erdgeschehen, entdeckten erste blaue Seen und grün sprudelnde Flüsse. Gebirge falteten sich auf. Pflanzenwuchs setzte ein, der immer stärker, höher und farbiger wurde. Wälder breiteten sich aus, sie sah Bewegungen in Seen und Flüssen, erste Tierchen sprangen aus der Nässe in die nur noch wenig nach Schwefel riechende Luft, es folgten die ersten Saurier,

bis Anna aufschrie: »Binka, halt an, da ist ja dein Tyrannos rex, dem du die Haut rausgebissen hast!«
»Und du hast ihm ein Junges stibitzt«, gab Binka trocken zurück.
Der Tyrannos rex schaute zum Regenbogen hoch. Anna winkte ihm zu: »Lieber Tyri, Papa wird schön aufpassen auf dein Kleines! Der wird 'ne Weltsensation!«
Doch Tyri sah in Anna nur eine böse Nesträuberin, brüllte los, reckte sich hoch, wollte sich mit seinen Vorderbeinen am Regenbogen festkrallen. Anna zog ängstlich die Beine zurück. Sie entdeckte in Tyris Gesicht so etwas wie Schmerz und bekam ein schlechtes Gewissen.
»Tut mir wahnsinnig leid, Tyri! Wir bringen dir dein Kleines wieder zurück.« Noch einmal winkte sie ihm zu, denn schon verschwand die Zeit der Saurier unter ihnen. Binka wandte sich von seinem gläsernen, farblosen Steuer-Gestrüpp zu ihr, schüttelte den Kopf und sagte: »Das kannst du vergessen. Wer einmal aus seiner Zeit geholt wurde und mit Zweibeinern in Berührung kam, kann nie wieder zurück in sein Zuhause.«
Anna wurde traurig.
Binka wollte sie aufmuntern und rief: »Anna, jetzt zeig ich dir, wie du früher ausgesehen hast.«

Annas vielbeinige Vergangenheit

Binka zog gekonnt, als ob er endlich wieder das Steuern gelernt hätte, an verschiedenen gläsern Farbsträngen und hielt am Ufer eines Meeres. Ganz langsam ließ er das vordere Ende des Regenbogens aufsetzen.

»Spring runter!«, forderte er Anna auf.

»Und wenn du abhaust und mich in der Vergangenheit lässt?«

»Dann spring ich eben auch«, rief Binka, und schon putzte er sich den Ufersand von seinen drei Schühchen und den drei Hosenbeinen.

»Iiiii«, rief Anna erschrocken. »was ist das denn für ein grässliches Gewürm? War etwa Zapp hier und hat sich gewaschen?«

Binka zuckte bei der Erwähnung von Zapp zusammen. Kurz darauf ging er mit einem spöttischen Lächeln zu Anna hin. Er bückte sich, obwohl es aufgrund seiner Winzigkeit kaum etwas zum Bücken gab. Vorsichtig nahm er eines dieser Tiere in sein winziges Händchen und hielt es dicht vor Annas Augen. Sie hatte sich auch gebückt. Binka sagte: »Darf ich dir dich vorstellen: Hier ist Anna Huber, das dickköpfigste Wesen, das je auf einem Regenbogen geflogen ist.«

Anna lachte. »Das glaub ich nicht, das bin nie und nimmer ich!«
»Doch! Ich schwör's dir.«
»Mein lieber Binka, ich traue keinem über fünfzehn – wie soll ich da ausgerechnet dir trauen, wo du doch schon zig Millionen Jahre auf dem Buckel hast!«
»Kannst du aber«, nickte Binka und setzte das Tier wieder auf den Boden. »Übrigens: Was ist, wenn du selbst fünfzehn Jahre alt geworden bist?«
Anna reagierte verdutzt. Kurz schwieg sie, bevor sie rausplatzte. »Dann trau ich mir eben selbst nicht mehr. Zumindest fang ich damit an, mir zu misstrauen.«
Binka lachte. »Du hast ja schon jetzt die Weisheit mit Löffeln gefressen. Hier, deine Vorfahren, die sind davon noch weit entfernt, Weisheit zu fressen. Die wollen nichts anderes als überleben.« Er deutete wieder auf das Getier:
Anna betrachtete ihre kriechenden Vorfahren. Wenig später richtete sie sich auf. »Und deine Vorfahren? Wie sahen die denn aus?«
»Göttlich«, sagte Binka stolz.
»Du eitler Tropf!«, verspottete ihn Anna. »Also ehrlich: woher stammst du?«
»Hm«, machte Binka, »ehrlich gesagt, ich weiß es nicht. In jedem Fall war ich vor euch da, konnte beobachten,

wie ihr als Vielbeiner aus dem Wasser gekrochen seid. Oft genug hab ich euch gezeigt, wie herrlich es ist, mit drei Beinen zu leben, aber nein, ihr musstet ja alles auf kümmerliche zwei Beine reduzieren! Schau mich an: Vollendet auf drei Beinen!« Selbstgefällig strich er mit beiden Händen darüber. »Nur eines habt ihr Zweibeiner mit mir gemeinsam, nämlich ein Rückgrat. Schau mal, Anna, die haben auch schon ein Rückgrat!« Er bückte sich und presste leicht mit Daumen und Zeigefinger den Rücken eines sich windenden winzigen Tieres. »Mach's auch!«, forderte er Anna auf. »Du wirst damit zum ersten und einzigen Zweibeiner, der je seine Millionen Jahre vor ihm lebenden Ahnen am Rücken gezwickt hat.«

Anna nahm vorsichtig das kleine Wesen hoch und presste an dessen Oberseite, um das Rückgrat zu ertasten. Das Tier gab aus aufgerissenem Mäulchen zornige Laute von sich. Erschrocken ließ es Anna fallen.

»›Lass das, Anna!‹, hat es gesagt«, grinste Binka. Er nahm Annas Vorfahren wieder hoch, hielt ihn sich dicht vor die Augen: »Oh ja, ich weiß, wie du später als zweibeiniger Mensch sein wirst: Voll Feigheit, Neid, Lüge, Gier und vor allem voller Enge in deinem Hirn, auf das du entsetzlich stolz sein wirst. Die Enge kam, als ihr euch euer selbst bewusst wurdet und euch von der Natur getrennt habt. Seitdem lebt ihr euren Träumen, Sehnsüchten, Eitelkeiten – fernab von der euch umgebenden Wirklichkeit.«

»Binka, dein Wortsalat ist mir schnuppe.« Anna nahm ihm vorsichtig ihren sich windenden, vormenschlichen Ahnen aus der Hand und sprach ihn an: »Gell, du wirst nie neidisch sein und feig? Nie lügen, nie eitel sein? Versprichst du mir das?«

Das Tierchen drehte seinen Kopf weg, so, als würde es sich um dieses Versprechen drücken wollen, sprang stattdessen entschlossen von ihrer Hand runter ans feuchte Ufer.

»Siehst du, Anna, unbelehrbar von Anfang an. Das war jetzt die letzte Chance für euch Zweibeiner: Die habt ihr auf deiner Hand vergeigt.« Binka schaute dabei Anna ein bisschen traurig an und rief dann ins Gewimmel der krauchenden Vormenschen: »Eines werdet ihr zukünftigen Zweibeiner obendrein alle gemeinsam haben: eine riesengroße Meise! Dafür lieb ich euch – zumindest hin und wieder!«

»Ich hab keine Meise«, protestierte Anna.

Binka zog nur eine spöttische Schnute.

Anna fühlte so etwas wie einen Schauer. Sie fing sogar leicht an zu zittern und blickte von oben auf die vielen Tiere. »Und du bist dir sicher, dass diese Würmer spä-

ter zu Menschen werden?«
»Aber sicher! Alle diese Würmer sind du.«
Jetzt entdeckte Anna einige, die schon winzige Beinchen hatten, andere atmeten mit großen Kiemen. Sie waren gelb-braun und einander wohl nicht grün, denn jedes kroch oder schlängelte sich ohne Rücksicht auf die anderen weiter vom Ufer weg oder wieder zurück ins Wasser. Anna beobachtete einzelne Beißereien und Schwanzhiebe gegen den Nachbarn.
»Das bin ich nicht, das sind wir nicht!«, protestierte sie wieder, richtete sich auf und sprang aufs untere Ende des Regenbogens wie auf eine Bank. Sie ließ die Füße baumeln und gab sich gelassen, obwohl sie innerlich noch immer zitterte.
»Doch, das bist du, das seid ihr Zweibeiner! Gratulation!« Binka sprang neben sie, machte im Sitzen eine Verbeugung nach unten und sprach feierlich zum wuselnden Gewürm: »Wohlan, ihr zukünftigen Zweibeiner mit dem großen Verstand, macht was aus der Erde!«
Jetzt musste Anna doch lachen, während sie weiter die Tierchen beobachtete.
»Die haben keine Angst«, stellte sie fest,
Binka war überrascht: »Mensch, Zweibein, das hatte ich damals gar nicht entdeckt!«
Er nahm ein Stück gläserne Farbe, knetete blitzschnell

eine fäustchengroße Kugel daraus und warf sie zwischen das Gewürm. Nur jene Würmer, die direkt getroffen wurden, wichen aus, wandten sich aber sofort um und attackierten den farblos gläsernen Rundling. Auch die anderen stürzten herbei und bekämpften das Fremde.

»Verdammich, die haben aber Mut.«

»Genau wie du«, nickte Binka ihr zu.

Desses Lob konnte sie schon nicht mehr verstehen, denn mit einem höllisch lauten Gurgeln landete ein kohlpechrabenschwarzer Regenbogen neben ihnen, und Zapps stählerne Lache übertönte auf das Schrecklichste alle Geräusche des auf der Erde wimmelnden Lebens.

»Habe ich euch erwischt!«, donnerte Zapp. Er stand hoch aufgereckt auf dem unteren Ende seines Regenbogens. Das Gewürm auf seinem Körper reckte sich gleichfalls und sah auch drohend auf die beiden herab.

Binka duckte sich hinter Anna. Anna machte sich so klein, wie sie konnte. Sie fürchtete sich. Einen Moment war Ruhe. Dann erhob Zapp wieder seine gewaltige Stimme und rief: »Jetzt werde ich euch auf ewig verdammen: Ich nehme euch euren Regenbogen weg!« Er lachte höhnisch, und schon krallten sich die schwarzen Farben seines Regenbogens um die gläsern durchsichtigen von Binkas. Ein übles Gezerre fing an. Binka und Anna konnten sich kaum mehr auf ihrem Regenbogen halten.

»Binka!«, flehte Anna und begann zu weinen.

Auch in eigener größter Not konnte Binka Kindertränen nicht widerstehen. Er reckte sich zu winziger Höhe hoch, sprintete in die Mitte seines Regenbogens. Geschickt wich er den nach ihm greifenden kohlpechrabenschwarzen Farbsträngen aus. Er griff in das Bündel seiner gläsern durchsichtigen Farben und rief »Anna, halt dich fest!« Dann riss er seinen Regenbogen hoch. Es begann ein biestiger Kampf des schwarzen Regenbogens gegen den gläsern durchsichtigen. Sie umschlangen sich und schlugen mit den einzelnen Farbsträngen aufeinander ein. Zapps schwarze Farbstränge versuchten, Binka einzufangen und ihn auf die Erde zu werfen. Auf einmal geriet Zapp selbst in Not, denn Binka spießte ihn mit seinem Regenbogen von unten her auf. Jetzt wirbelten beide Regenbogen wie ein Haarzopf hoch in den Himmel. Anna schrie, krallte sich an den gläsernen Farbsträngen fest und rief wieder mal: »Ich will heim!«

Jetzt stürzten beide Regenbogen wieder der Erde entgegen.

Es war ein Höllenkampf. Einmal hing Anna ganz dicht neben Binka über dem Zweibeiner-Gewürm ihrer Vorfahren und sah, wie es total verängstigt diesem Schauspiel zusah. »Siehst du«, rief ihr Binka ins Ohr, »genau jetzt haben die Zweibeiner die Angst aufgeschnappt! Zapp ist schuld.«
Schon wurden sie wieder hochgerissen. Beide Regenbogen schlugen Purzelbäume und griffen sich mit all ihren gläsernen und schwarzen Strängen an. Es machte klatschende Geräusche, und über allem dröhnte Zapps lautes Lachen: »Ihr werdet hier verrecken! Der blöde Binka und das hässliche Zweibein!«
Im Tohuwabohu dieses Kampfes konnte Anna nicht anders: Sie giftete sich wieder über das Wort »hässlich«!
Gerade da tauchte Zapp mit seinem von Würmern übersäten Gesicht dicht vor ihr auf. Er lachte sie an. Aus seinem Mund quollen dabei ebenso lachende Würmer. Anna gab ihm erneut eine Kopfnuss und rief dabei: »Warum bist du böse, du Weichei?«
Zapp jaulte auf. Er hielt sich die Stirn, von der durch Annas Nuss ein paar seiner Würmer zerbatzt runter fielen. Wie eine Rakete zischte er nach oben weg. Anna rief noch einmal: »Warum bist du böse?«
Stille kehrte ein. Binka atmete auf. Nie wieder nehme ich ein Zweibein mit, dachte er erschöpft, entwirrte sich

aus all den gläsernen Farbsträngen, mit denen er den erbitterten Kampf gegen Zapps Regenbogen geführt hatte. Endlich ein Augenblick der Ruhe!
Er und Anna sahen hinauf in den Himmel. Dort stand Zapps kohlpechrabenschwarzer Regenbogen steil aufgerichtet und kerzengerade in der Luft.
»Der ist nur böse, weil er zu feig ist, um gut zu sein«, flüsterte Binka in seinen Bart.
Anna hörte es nicht. Aufgeregt rief sie: »Pass auf, Binka, jetzt will uns Zapp erdolchen!«
Binka wollte gerade einen Pfeilregen aus seinen gefährlichsten Farben losschleudern: Neben Purpur vor allem die Farbe Patrutzel, die wie Engelsfüße in Rinderbrühe aussieht. Dazu noch das teuflisch brennende Kraparz, diese Mischung aus Feuersglut und Senf. Er stoppte aber den Abschuss und sah verblüfft nach oben. Tatsächlich: Wie ein Riesenschwert hing Zapps schwarzer Regenbogen kerzengerade am Himmel. Bereit zum tödlichen Stoß. Auf der Spitze stand Zapp. Sie hörten, wie er sich räusperte.
»Vielleicht hat ihn deine zweite Kopfnuss zur Besinnung gebracht«, flüsterte Binka.
Anna schüttelte den Kopf: »Das glaube ich nicht.«
Beide beobachteten, wie der schwarze, senkrechte Regenbogen langsam zusammenschnurrte und ihnen im-

mer näherkam. Noch hielt sich Zapp den Kopf, aber irgendwie sah er verlegen aus. Auch das Gewürm auf seinem Körper kringelte sich schuldbewusst. Jetzt hatte Zapp die beiden erreicht.

»Noch nie hat mich jemand so etwas gefragt.« Er wandte sich zu Anna: »Warum bin ich böse?« Er rieb nervös seine wurmbesetzten Hände aneinander, schüttelte seinen Ungeziefer-Kopf. »Ich weiß es nicht. Ich wusste es nie.« Er drehte sich kurz im Kreis um sich selbst und fügte hinzu: »Es hat mich auch nie glücklich gemacht. Nicht mal, dass mich solche windigen Regenbogenzwerge wie Binka fürchteten.«

»He, he, he!«, beschwerte sich Binka und reckte sich auf: »Immerhin habe ich dich in den Sumpf plumpsen lassen!«

Anna war von Zapps Nachdenklichkeit überrascht. Sie starrte ihn an, deutete mit zitternden Fingern auf sein Gesicht, auf seinen Körper und stotterte: »Die… deine Würmer ver… ver… verschwinden.«

Zapp sah an sich herab. »Tatsächlich! Ein Spiegel! Ein Spiegel! Ich brauch einen Spiegel!«, rief er aufgeregt. Binka griff einen hellen gläsernen Farbstrang aus seinem Regenbogen, reichte ihn Zapp. Der riss ihn sich nah vors Gesicht. Gerade konnte er noch sehen, wie sich sein seit Millionen Jahren mit Würmern übersätes Gesicht nach und nach in glatte Haut verwandelte. Der letzte Wurm auf seiner Nasenspitze wedelte noch mit seinen tausend schleimigen Beinchen ein »Auf Nimmerwiedersehen«, dann sah Zapp wie neugeboren aus. Er lachte selig.

Alles Stählerne, Furchterregende war verschwunden. Eitel drehte er sich vor dem Spiegel, ließ ihn fallen, griff sich Anna, allerdings nur an deren Waden und tanzte mit ihr im Kreis. »Ich danke dir, ich danke dir, du kluges, kluges Zweibeintier!« Anna lachte, ließ sich von Zapp im Kreis herumschwenken, während Binka ein bisschen eifersüchtig dreinschaute und vor sich hinmurmelte: »Böse und verwurmt war er mir fast lieber.«

Abrupt unterbrach Anna den fröhlichen Tanz, deutete auf Zapps Regenbogen und stotterte: »Dein Re…genbo…gen ist jetzt … gar nicht mehr … schwarz, sondern … gläsern wie unserer!«

Schwieriges Füttern von Urviechern

»Hast du fauliges Aas?«, fragte Hans die Gitti in ihrer Metzgerei. Die schaute ihn verwundert an, wurde rot vor Wut und pfiff ihren alten Freund an: »Spinnst du, Hans? Ich habe nur das frischeste Fleisch! Nur hier aus der Region! Ich leg doch kein stinkendes Fleisch auf die Theke.«

Hans machte eine entschuldigende Geste. »Nein, nein, Gitti, so hab ich's nicht gemeint. Ich hab halt zu Hause einen ganz, ganz seltenen Papagei, der frisst nur verdorbenes Fleisch.«

Gitti schaute ihn misstrauisch an. »Papageien fressen doch gar kein Fleisch und schon gar kein Aas.«

»Meiner schon! Also: Hast du was zum Wegwerfen oder nicht?«

Gitti beruhigte sich wieder. »Geh hinten zur Abfalltonne, die immer von der Entsorgung abgeholt wird. Da liegen noch Reste drin, die wir nicht mal in unserer weltberühmten Mettwurst unterbringen konnten.«

Hans musste genauso wie Gitti grinsen und ging auf den Hof der Metzgerei. »Dieses Mistviech von einem Geschenk«, schimpfte er leise vor sich hin. »Wenn die Welt erfährt, was ich da großziehe, wird sie noch ver-

rückter. Wart nur Anna, wenn du heimkommst!«
Er öffnete die Abfalltonne und schreckte mit einem »Baaah« zurück, denn der Gestank war widerlich. Er hatte von zu Hause einen Plastiksack mitgenommen, eine Schaufel allerdings vergessen. Vorsichtig sah er sich um, konnte niemanden entdecken und griff mit dem rechten Arm tief hinein. Er holte Gedärme und Flachsstücke, an denen noch Knochen hingen, heraus und stopfte sie in den Sack.
Gerade, als er den letzten triefenden Haufen in der Hand hielt, tauchte Gittis Mann Sebastian auf, auch ein Jugendfreund.
»Servus, Hansi! Hast' schon Sommergäste und machst ihnen a Gulasch, ha?«
Hans lachte betont lustig auf. »Nein, nein, ich hab nur einen seltenen Papagei, der kein Vegetarier ist…«
»Das hat mir eben die Gitti schon erzählt«, unterbrach ihn Sebastian. »Komm, ich helf dir. Diesen Fleischfresser muss ich mir anschauen.«
»Wirklich nicht!«, wehrte Hans ab, »der ist furchtbar scheu.«
Schnell warf er sich den Sack über die Schulter und verließ den Hof. Sebastian sah ihm nach und dachte sich: Bei dem stimmt was nicht! Erst lässt er sich vom Emmeran einen Bären aufbinden und liefert irgend-

welche alten Schuhe nach München zu den Großkopferten und jetzt verfüttert er Aas. Ich mein, da muss ich doch mal nachschauen.
Also rief er Hans hinterher: »Ich komm heut Abend auf a Bier, und du zeigst mir deinen komischen Vogel!«
Hans schüttelte abwehrend den Kopf, schmiss den stinkenden Sack in den Kofferraum seines Autos und fuhr mit durchdrehenden Rädern davon.
»Ich bring ihn um! Heute bring ich das Mistviech um! Ich schwör's dir, Anna!«, murmelte er vor sich hin.
Doch seine Anna war weit weg in der Vergangenheit. Hans aber lief in der Gegenwart mit dem stinkenden Sack in den Stall. Er leerte ihn auf dem Boden aus und schaufelte einen ekelerregenden Teil in den Schweinekoben. Aufgeregt lief das Mistviech hin und her, jaulte die grässlichsten Drohungen raus.
»Sei still, Butzi, jetzt kriegst ja deinen g'stinkerten Fraß.«
Mit Grausen beobachtete er, wie das schon größer gewordene Tier in schmatziger Geschwindigkeit Gedärm, Knochen, Sehnen, Hufe und Wirbel mit seinen Kiefern und scharfen Zähnen zermalmte und verschlang.
»Was soll ich nur mit dir machen?«, fragte sich Hans nachdenklich. »Du gehörst doch in eine ganz andere Zeit. Du bist doch Sohn oder Tochter des gefürchtets-

ten Dinosauriers, den die Erde je gesehen hat. Kein Mensch wird mir glauben, ich ziehe ein Tyrannosaurus-rex-Baby auf, das mir meine Tochter mit dem Regenbogen aus der Vorzeit mitgebracht hat.«
Nachdem er am Abend zuvor zunächst Anna als Felsenzeichnung erkannt haben wollte, hatte er in einem seiner Dinosaurierbücher Bilder von rekonstruierten Tieren bestaunt. Die bewiesen, dass er den König der Saurier im Schweinestall hatte, Millionen Jahre, nachdem alle Saurier ausgestorben waren.
Halt, schoss es ihm durchs Hirn, ich muss ja noch Wulli füttern!
Er machte eine Schaufel mit Gittis blutigen Abfällen voll und ging damit zum Holzstadel. Drinnen reckte sich ihm dieser offensichtlich total ausgehungerte, widerwärtige Pilz aus der Tonne entgegen. Seine Saugfäden umleckten schon in Vorfreude das geöffnete Wulli-Maul.
»Du bist ja wohl das Letzte an Pilz, du blutgieriges Pflanzenviech!«, raunzte Hans und leerte die Schaufel über dem Fass aus. Schon schossen die Fäden hinein, durch die der Pilz mit lautem Schlürfen das Blut von Fleisch und Knochen absaugte. Hans sah von oben zu. »Dich hab ich überhaupt nirgends in den Büchern oder im Internet entdeckt. Dich gibt's zwar, aber dich gab's nie!«

Er schüttelte den Kopf und sagte im Weggehen: »Wenn das so weiter geht mit den beiden, werd sogar ich Vegetarier!«
Er wusch sich am Brunnen auf dem Hof die Hände, zog die Gummistiefel aus und hörte aus dem Haus Lenas aufgeregte Stimme: »Hans, komm schnell her! Das musst du sehen, über Afrika tanzen zwei Regenbogen!«
Er lief zum Fernseher und sah mit weit aufgerissenen Augen die Direktübertragung vom Tanz zweier Regenbogen.
»Sie zeigen es auf allen Programmen«, sagte Lena, während sich Hans neben sie auf die Ofenbank setzte.

*

Anna war selig. »Du siehst ja richtig gut aus, Zapp!«, flötete sie. Zapp bedankte sich sehr geschmeichelt mit einer Verbeugung. Er war Seite an Seite mit Binkas Regenbogen in die Gegenwart gesaust. Hier drehten sie wieder farbstark über Afrika Spiralen, Pirouetten, oder tanzten lustige Zitterorgien. Frech flogen sie aufeinander zu, drehten elegant kurz vor dem Zusammenstoß ab. So boten sie den staunenden Menschen ein atemberaubendes Schauspiel. Ein noch nie zuvor Gesehenes!
Überall reckten sich wieder Kameras und Handys in den Himmel. Viele Menschen fingen an zu weinen, die

meisten aber umarmten sich in einem neuen, noch nie erlebten Zusammengehörigkeitsgefühl. Die Aushebelung der Naturgesetze hatte sie vereint.

*

Anna lag sehr zufrieden auf dem Farbteppich, trieb Binka und Zapp an: »Euer Tanz war mir zu altmodisch! Seid doch moderner!«
Die zwei Dreibeinerchen schauten sich verdutzt an, nickten dann einander zu und los ging's: Die beiden Regenbogen könnten in jedem Tanzclub auftreten, so aktuell war ihr Tanz. In gleichem Rhythmus flatterten Annas Haare, und ihr riesiges Amulett schaukelte mit. Anna jubelte: »Binka und Zapp, ihr seid ja richtige Popstars!«
Binka lachte und vollführte noch mehr Tanzkunststücke, die Zapp mit noch gewagteren zu überbieten versuchte. Manchmal war Zapp beim Vorbeirauschen ganz nahe, und sie winkte ihm zu. Er winkte zurück, lachte übermütig und rief zu ihr: »Jetzt kommt das Wahnwitzigste, da kann Binka nicht mithalten!« Und wieder erfand er eine neue, überraschende Tanzfigur, doch Binka antwortete nur ehrgeizig: »Das wollen wir doch mal sehen!«, und setzte auf Zapps Spektakel noch etwas Sensationelleres mit seinem Regenbogen.
Ihre Freude wurde von einem gewaltigen Lärm gestoppt.

»Was ist das?«, fragte Anna im sausenden Auf und Ab.
»Das ist nichts. Die können uns nichts tun! Komm, wir machen wieder ein Wettrennen!« Er rief zu Zapp: »Machst du mit? Wir machen ein Wettrennen zu dritt! Und wir machen uns für die da hinten sichtbar!«
Binka deutete nach Osten, und jetzt sah Anna sie: Bedrohlich rasten Jagdflugzeuge auf sie sie zu und umkreisten die zwei offensichtlich verrückt geworden Regenbogen.
Zapp rief »Machen wir!« Kurz hantierte er an einigen Farben. »Jetzt bin ich sichtbar!«, rief er.
»Ich auch!«, antwortete Binka. Er hatte gleichfalls blitzschnell an mehreren Farbsträngen gezogen. »Und du jetzt auch, Anna! Die werden einen Schreck kriegen.«
Zapp sprang auf Binkas Regenbogen, der sich wie zu einer Rennstrecke platt machte. Alle drei gingen in die Knie und Zapp schrie: »Eins, zwei, drei, LOS!«

*

Flugstaffel-Kapitän Wilson sprach in sein Mikrofon, das ihn mit dem Hauptquartier verband: »Ich sehe etwas Knallbuntes, Farbsprühendes, ein Wesen mit drei Beinen, daneben ein farbloses, aber auch dreibeiniges. Sie laufen gegen ein junges Mädchen. Es sieht wie ein Wettrennen aus.«
»Abschießen! Sofort abschießen! Das ist alles Tarnung!

Das sind Terroristen, die uns angreifen. Abschießen!«, hallte es aus dem Kopfhörer in seine Ohren.
»Aber, das Mädchen ist doch höchstens zwölf Jahre alt, und die zwei anderen Wesen sehen wie uralte Kleinkinder mit Bart und einem Bein zu viel aus…«, widersprach Wilson.
»Abschießen«, brüllte es wieder in seine Ohren. »Das ist ein Befehl!«
Staffelkapitän Wilson wollte nicht glauben, was er hörte und erst recht nicht, was er sah: Das dreibeinige, bunte Zwerglein hatte offensichtlich den Wettlauf gegen das farblose dreibeinige Wesen und das zweibeinige junge Mädchen gewonnen. Der Sieger sprang triumphierend meterhoch, umarmte lachend das farblose Wesen und danach das junge Mädchen.
Jetzt ging das Mädchen vor ihm in die Knie.
Wilson meldete durch sein Mikro: »Achtung, Zentrale. Das junge Mädchen gibt dem Sieger-Zwerg gerade kniend einen Handkuss!« Er brach in Lachen aus: »Juhu! Die Welt ist aus den Fugen! Was für eine Zukunft!«
Aus dem Mikrofon drang eine neue Stimme: »Hier spricht Ihr Oberkommandierender. Sie schießen jetzt sofort diese Terroristen-Brut ab.«
Kapitän Wilson schüttelte entsetzt den Kopf.
»Hören Sie mich?«, quäkte die Stimme.

Wilson räusperte sich und sprach quietschend und gurrend in sein Mikro: »Irgendetwas … krrr…ist mit dem ….piiiie…Empfang nicht… pschschsch… in Ordnung. Ich höre immer … pffff… ›abschießen‹!«
»Ja! Abschießen!«, brüllte es hysterisch zurück.
»Verstanden«, antwortete der Kapitän. »Den Einsatz abschließen.«
Prompt gab er den Befehl, zum Flugplatz zurückzufliegen. Aus dem Mikrofon hörte er das wütende Geschrei des Oberkommandierenden: »Sie geben sofort das Kommando an Ihren Stellvertreter ab und kehren zurück.«
Wilson drehte ab. Doch die anderen Jäger formierten sich neu und fingen jetzt an, die zwei Regenbogen und ihre drei Bewohner zu beschießen.

*

Anna warf sich zwischen die Farben und flehte: »Binka, hilf!«
Seine Antwort verstand sie nicht, denn das brutale Hämmern der Schusssalven und das Donnern der Maschinen übertönte alles. Die Maschinen flogen ungehindert durch die Farben, wendeten und starteten einen neuen Angriff.
»Wir haben denen doch nichts getan! Wer schießt denn auf einen unschuldigen Regenbogen?«, rief Anna empört und grub sich noch tiefer in Kaputzel und Lila ein.

»So seid ihr Zweibeiner«, rief Binka zurück, »was ihr nicht versteht, bekämpft ihr!«

»Nöhl nicht so rum und scher uns Zweibeiner nicht alle über einen Kamm, Binka!«

»Ich nehm's halb zurück«, grinste Binka und schrie dann sehr laut: »Zaaaaapp!«

»Ja?«, kam es aus dem anderen Regenbogen zurück.

»Wollen wir's ihnen zeigen?«

»Ui ja!«, jubelte Zapp. »Ich zähle bis drei!«

»Holdrio, ihr schießwütigen Zweibeiner!«, rief Binka. »Wir kommen! Mit unserer Kopfnuss-Königin!«

»Aber niemandem wehtun, Binka«, bettelte Anna.

»Regenbogen sind doch keine Mörder, Anna«, hallte es von Zapps Regenbogen. »Wir machen nur ein bisschen Gaudi mit ihnen. Also: Eins, zwei und dreiiii!«

Regenbogen greifen an

Was jetzt geschah, würde Anna auch nie mehr in ihrem Leben vergessen: Beide Regenbogen strafften sich zu senkrechten, vielfarbigen Mauern, auf die die Jagdflugzeuge, wütend schießend, zuflogen. Doch ihre Kugeln prallten von der betondichten Farbenwand ab – und durchlöcherten die angreifenden Flugzeuge.

»Hier ist Captain Pörksen«, meldete der neue Chef der Angreifer per Funk ins Telefon. »Wir haben ein Problem.«

»Welches?«, kam es aus der Kommandozentrale auf einem Flugzeugträger zurück.

»Wir schießen uns gerade selber ab, die Kugeln prallen von den Regenbogen auf uns zurück.«

»Wiederholen Sie bitte!« kam es ungläubig, zugleich drohend aus der Kommandozentrale zurück.

»Kann ich im Moment nicht, weil wir abstürzen.« Durch sein Mikro befahl er den anderen Piloten: »Alle raus! Sofort!«

Die Menschen auf der Erde beobachteten staunend, wie sich aus den Kanzeln der zwölf Jagdmaschinen die Piloten hinauskatapultierten und an ihren Fallschirmen zur Erde schwebten.

Anna jubelte, Binka jubelte, Zapp jubelte, doch jetzt

schrie Anna: »Die Flugzeuge stürzen ab! Schaut, die Menschen unten rennen um ihr Leben! Binka, Zapp, macht doch was!«

Die machten etwas, was die Regierenden, die ihre Jäger losgeschickt hatten, noch mehr verärgerte: Beide Regenbogen teilten sich in dünne Farbstränge, sausten in rasender Geschwindigkeit auf die abstürzenden Flugzeuge zu, umhüllten jedes einzelne mit einer Farbe und stellten es jeweils sanft auf den Erdboden.

Also nicht so ganz. Denn Zapp lupfte eines der Flugzeuge wieder hoch und setzte es vorsichtig auf eine Lichtung in einem dichten Wald. Binka lachte und machte es ihm nach: Er verfrachtete ein Flugzeug auf einer winzigen Insel in einem See, Zapp das nächste auf einem Spielplatz mitten in einer Stadt, und Binka hob eines wieder hoch hinauf bis auf das Dach eines zehnstöckigen Hauses.

Anna klatschte begeistert in die Hände und rief: »Das nächste Flugzeug muss auf diesen Lastkahn da!«

»Wird gemacht!«, rief Zapp und stellte ein Jagdflugzeug aufs Deck des langsam dahin tuckernden Schiffes.

»Und du, lieber Binka, siehst du den Zoo da hinten?« Anna wurde immer übermütiger. »Da muss eines ins Löwengehege.«

»Wird auch gemacht!«, rief Binka, was die Löwen zunächst auseinanderstieben ließ, bis sie sich vorsichtig diesem riesigen Gegenstand näherten.
»Bravo, Binka«, lobte ihn Zapp und setzte seinen nächsten Jäger auf die Liegewiese eines öffentlichen Freibads.
Da entdeckte Anna einen der Piloten, der – noch in seinem Pilotensitz festgeschnallt – mit dem Fallschirm zur Erde schwebte.
»Der hat zuerst geschossen!«, rief Anna aufgeregt. »Der muss auf einen Kirchturm!«
»Meinst du die Kirche da drüben?« fragte Binka.
»Klaro«, antwortete Anna.
Jetzt rasten beide Regenbogen los, umschlangen den Pilotensitz und schnürten ihn mit den Fallschirmseilen an der Spitze des Kirchturms fest.
Der Pilot drohte den zwei Regenbogen hilflos wütend mit den Fäusten.

*

»Jetzt spinnen die Regenbogen total!«, staunte der kleine Sammi, »die muss irgendwer lenken – vermutlich ein Regenbogenzwerg.«
Seine Oma seufzte, nickte ergeben. Was sie oben am Himmel sah, ließ sie langsam auch an eine höchst ungewöhnliche neue Wirklichkeit glauben: »Ach, Sam-

mi, was ist nur los mit unserer ollen Erde?«
Sie seufzte, doch Sammi lachte sie an: »Omachen, das ist doch affengeil!«

*

Die Mächtigen, die diese Jägerstaffel losgeschickt hatten, mussten all das im Fernsehen live miterleben. Sie wurden wütender und wütender, weil auch gezeigt wurde, wie die Menschen in die Hände klatschten und bald darauf jubelnd im Cockpit der von sanfter Regenbogenhand hingestellten Flugzeuge spielten. Sie hatten keine Angst mehr vor den seltsamen Machenschaften der beiden Regenbogen und vereinigten sich zu Tausenden in einem begeistertem Klatschen und lautem Bravo-Rufen, das in ein nun doch wieder total erstauntes »Ooooh!« und »Aaaah!« umschlug, als es die beiden Regenbogen den jubelnden Menschen nachmachten: Senkrecht im Himmel stehend, klatschten sie in schnellem Rhythmus ihre Farbstränge gegeneinander. Anschließend vollführten beide am Himmel eine Figur, die wie eine Verbeugung von zwei sehr zufriedenen Künstlern vor einem begeisterten Publikum nach gelungener Vorstellung aussah. Zu einem weiteren »Aaaah!« und »Ohhhh!« kam es, als die beiden Regenbogen ein riesiges farbenprächtiges Herz in den Himmel stellten und – schwupp – waren

sie vom Himmel verschwunden.
Die meisten Regierungen verhängten umgehend eine totale Ausgangssperre für ihre Bürgerinnen und Bürger, bis das Rätsel um die neue Wunderwaffe des jeweiligen Erzfeindes gelöst sein würde.
Lena und Hans saßen völlig entgeistert auf der Ofenbank, starrten in den Fernseher.
Hans knipste mit der Fernbedienung den Apparat aus.
»Und unsere Anna mittendrin«, flüsterte er, »das mit dem Kirchturm war sicher ihre Idee. Schon immer war sie ein verrücktes Huhn.« Zitternd stand er auf. »Jetzt brauch ich einen Schnaps.«
»Ich auch«, schluchzte Lena.

*

»Wo sind wir denn jetzt?«, fragte Anna verwundert, denn unten sah sie nun eine ganz andere Landschaft, kein Mensch mehr da, keine Flugzeuge mehr auf so unsinnigen Plätzen wie Löwengehege, Freibad oder Frachtschiff abgestellt.
»Ach«, antwortete Binka, »wir sind nur ein Jahr in die Vergangenheit zurückgetaucht.«
»Das war bei weitem das Lustigste, was ich je gesehen habe!«, rief Zapp von seinem Regenbogen. Binka nickte: »Jetzt haben wir's den Zweibeinern aber mal so richtig gezeigt! Wurde auch endlich Zeit!«

»He«, protestierte Anna, »ich bin auch ein Zweibeiner, sogar eine Zweibeinerin! Bei uns auf der Erde wird jetzt endlich gegendert! Merkt euch das, ihr Macho-Dreibeiner!«
Die Zwerge winkten höhnisch ab.
»Ihr mit euren Moden!«, spottete Zapp.
Binka merkte, dass sich Anna schon wieder zu einer Kopfnuss bereit machte und sagte schnell: »Anna, ist ja recht. Du bist allerdings etwas so Besonderes, dass Zapp und ich dich hiermit zur Oberdreibeinerin ehrenhalber ernennen.«
»Das ist supergeil«, bedankte sich Anna.
Binka reckte seine Ärmchen in die Luft: »Nach diesen Kämpfen bin ich jetzt müde!« Er gähnte.
»Ich auch«, stimmte ihm Zapp zu, baute sich auf seinem Regenbogen nebenan aus ein paar Farben ein Sofa und streckte sich darauf aus. »Psst!«, machte er zu Zapp und deutete auf Anna. »Die schläft schon.«

*

Wieder überschlugen sich weltweit Radio, Fernsehen, soziale Medien und so weiter. Die Roten Telefone zwischen den Regierenden glühten. Sie versicherten einander, dass sie nichts mit diesem Regenbogen-Schauspiel zu tun hätten. Doch keine Regierung glaubte der anderen. Allerdings hatten sie Angst, einen Krieg anzufangen, weil sie mit einem Gegenangriff der offensichtlich nicht zu vernichtenden Regenbogen rechnen mussten.

Geheimdienstchef Kunze, der im Kreis seiner Top-Agenten das Schauspiel am Himmel verfolgt hatte, fiel die Meldung von diesen Saurierstiefelchen ein, die ein Bauer gefunden haben wollte. Ein Nachbarjunge hatte behauptet, dass sie von seiner Freundin, der Tochter dieses Bauern, von einem Regenbogen runtergeworfen worden wären. Kunze ließ sich sämtliche Unterlagen zu diesem bisher ungelösten Fall kommen, der ja erst vor zwei Wochen passiert und als »Sehr geheim« eingestuft worden war. Allerdings hatte er ein Problem: Wenn er seinem Chef diese Geschichte erzählen würde und dass dieses Mädel vermutlich Urheberin des ungewöhnlichen Verhaltens eines Regenbogen sei, müsste er sofort freiwillig »aus Gesundheitsgründen« zurücktreten.

Was also tun? Er holte seine zwei engsten Vertrauten ins Büro und machte sie mit seinem Plan bekannt. Beide stimmten lebhaft zu. Als Kunzes Chef dennoch davon erfuhr, seufzte er verzweifelt: »Lassen wir es ihn versuchen!«

Geheimdienstchef Kunze war natürlich nicht der Einzige, der Annas Eltern einen Besuch abstatten wollte. Zahllose Journalisten kamen täglich zu ihnen und fragten sie aus. Hans und Lena hatten eine Mordsangst, dass irgendwer Butzi oder Wulli entdecken würde, verschlossen Stadel und Schweinestall, gaben brav auf alle Fragen ihre geschwindelten Antworten, während Emmeran pro Interview 10 Euro verlangte – und sie auch bekam. Seine Sparbüchse schwoll an, zumal dem raffinierten Lausbub merkwürdigerweise immer mehr Einzelheiten zu Anna auf dem Regenbogen einfielen….

*

Anna sah sich gähnend um. Binka schlief fest. Auch Zapp, auf seinem nebenan am Himmel geparkten, ebenso unsichtbaren, Regenbogen schnorchelte friedlich auf seinem Sofa. Anna betrachtete beide. Seit Zapp die Bosheit aus seinem Verstand entfernt hatte, sahen sich die beiden doch sehr ähnlich. Sie mochte die beiden, gestand sie sich ein. Sie schaute nach unten: Dicke Wolken, wie vollgestopfte Daunenkissen, segelten zwischen Regenbogen und Erde. Eine Riesenlust packte sie, da hinunterzuspringen und sich von den weichen Wolken zurück in den Himmel federn zu lassen. Sofort kitzelte sie Binka mit Rapsel an der Nase. Die richtige Farbe, denn Binka hatte sie ihr als »Niesen in Pfirsichsaft« genau beschrieben. Also nieste der Zwerg, wachte davon auf, sah in Annas Gesicht und hörte ihre schmeichelnde Stimme: »Liebes Binka-

chen, darf ich auf die Wolken unter uns springen? Oder fall ich durch und direkt auf die Erde?«
Binka setzte sich auf. »Das hab ich früher auch gemacht. Ich muss dich aber zuvor rampeldisieren, damit du leichter als die Wolken bist.«
»Prima«, freute sich Anna, »rampeldisiere mich bitte ganz schnell!«
Binka führte die seltsamsten Bewegungen rund um ihren Körper durch, murmelte Unverständliches und sagte zum Schluss mit einem Lächeln: »So, jetzt spring!« Er streckte drei Farben raus, sodass sie wie auf einem Sprungbrett Anlauf nehmen konnte. Mit einem »Juhu!« sprang Anna ab, flog durch die gleißende Luft in sausendem Wind, fiel auf eine Wolke und wurde von ihr umhüllt, bis die Spannung so stark war, dass sie wieder hochgeschnellt wurde. Dabei drehte sie in der Luft Purzelbäume, wurde weit über die zwei Regenbogen hinaus in die Höhe gefedert, fiel auf die nächste Wolke – und war glücklich. Mit einem letzten Sprung landete sie wieder auf Binkas Regenbogen. Zapp klatschte von nebenan Beifall. Anna machte einen Knicks vor ihm, wiederholte ihn vor Binka, stellte sich in Positur und rief: »So! Und jetzt will ich in die Zukunft.«
Beide Regenbogenzwerge erschraken. Das ginge nicht, beschworen sie Anna, doch die ließ nicht locker.

Zapp reagierte immer verschnupfter: »Lieber werde ich wieder böse, als mir das anzutun.« Und schon kroch ein erstes Würmchen frohlockend über seine Stirn.
»Die Würmer kommen wieder, Achtung, Zapp«, rief Anna erschrocken. »Da! Auf deiner Stirn!«
Zapp wollte sich schon die Stirn abwischen, hielt aber inne. Er ließ die Hand sinken, starrte Binka und Anna an. Schon zeigte sich ein zweiter Wurm auf seiner Stirn. Zapp schloss halb die Augen, schien nachzudenken, öffnete sie wieder. Sein Mund verzerrte sich zu einem ekelhaften Grinsen. Mit einer schon wieder metallen klingenden Stimme sagte er: »Nein, Anna und Binka, das Böse ist viel spannender als Purzelbäume am Himmel. Lebt wohl!«
Schon verfärbte sich seine Haut, aus allen Poren kroch das Gewürm wie befreit hervor. Er zog seinen schon wieder schwarzen Regenbogen nach oben. Als grässlich anzusehender Zwerg schrie er zuletzt: »Lasst euch ja nie wieder an meinem Himmel sehen! Sonst vernichte ich euch!«
Und war verschwunden.
Anna warf ihm wütend einen Farbknäuel hinterher und schrie: »Du egoistisches Zwergen Monster!«
Binka nickte schwermütig und belehrte Anna: »Das ist wie bei euch Zweibeinern: Wer den Alltag nicht aus-

hält, macht ihn sich durch Bosheit pfiffig. Das Gute hat keine Ausstrahlung – nur das Böse hat es.«

»Du Besserwisser!«, widersprach ihm Anna. »Bring du uns doch was Pfiffiges!«

Zapps Regenbogen versinkt im Sumpf

Binka schaute sie nachdenklich an. Er legte sein vollbärtiges Gesichtchen in die Hände, raunte mehrmals nachdenklich: »Mmm, mmm, mmm, meinst du nicht auch, dass der wieder verwurmte Zapp für unseren Himmel gefährlich ist?«
Anna nickte eifrig: »Genau! Hundsgefährlich! Wir müssen was dagegen machen.«
»Nicht wir, sondern ich werde etwas machen!«
Wie ein wild gewordenes Eichhörnchen sprang er um Anna herum, riss die unglaublichsten Farben raus und formte daraus eine riesige Kugel. Anna beobachtete ihn staunend. »Wird das unser Abendessen? Du weißt aber, ich mag kein Farben-Gulasch.«
»Weiß ich doch«, antwortete Binka. »Aber diese Kugel wird Zapps Regenbogen zerfetzen, und er bleibt irgendwo in der Vorzeit zu Fuß zurück. Denn er treibt sich meistens in der Vergangenheit rum, um das Böse ins Leben der Zukunft zu pflanzen.«
»Wir schießen das Böse ab!«, jubelte Anna. »Wir schießen den affigen Zapp ab!«

*

»Schau mal, Opa, der Regenbogen schießt mit einer

Kanone!«

»Junto, du Dummerchen«, antwortete der alte Mann mitten in der Inneren Mongolei, »zwar macht er seit kurzem die tollsten Dinge, doch Kanonenkugeln schießen…«

Er sah nach oben und wollte seinen erfahrenen, lebensklugen Augen nicht mehr trauen: Dort hatte sich der Regenbogen zu einer riesigen Kanone geformt. Und nicht zu glauben: Aus dem Schlund schoss jetzt eine gewaltige Kugel in den absurdesten Farben heraus. Kurz raste die Kugel über den Himmel, bevor sie mit einem Knall zerbarst. Dabei prasselte ein wunderschöner Farbenregen auf die Erde.

»Siehst du, Opa, ich hab immer recht«, triumphierte Junto, wurde aber ganz still, denn sein Opa lag auf dem Bauch und schlug mit den Fäusten ins Steppengras. Dazu weinte er: »Ich werde verrückt! Ich, der Klügste aller Mongolen, ich bin verrückt!«

Tröstend streichelte Junto seinen Rücken. »Nein, lieber Opa, Du bist nicht verrückt. Der Regenbogen ist es!«

*

Anna löste die letzten Farbkügelchen vom Kanonenschuss aus ihrem Haar.

»Dem Zapp haben wir es aber gezeigt!«, rief sie.

»Willst du sehen, wie wir Zapp abschießen?«

»Zu gerne«, rief Anna, »bitte, zisch hinter deiner Kugel her!«
»Wird gemacht, Chefin«, antwortete Binka. Schon sausten sie hinter der Kugel her in die Vergangenheit. In Blitzesschnelle überflogen sie die Schlacht des römischen Varus gegen die Germanen unter Führung von Hermann dem Cherusker, der sich allerdings zitternd hinter einer Eiche versteckte, danach beäugten sie kurz Hannibals Elefantenzug über die Alpen nach Italien und Ötzis letzte wankende Schritte im Südtiroler Gletschereis. Todbringend hatte ihn der Pfeil eines bayrischen Neidhammels von hinten durchbohrt. Jetzt drehten Binka und Anna eine Kurve über dem letzten Drachen, der sich gerade todkrank im schleswig-holsteinischen Dorf Ecklak seufzend zur ewigen Ruhe niederlegte. Endlich tauchte hinter der vor ihnen her sausenden Kugel Zapps Regenbogen auf. Unter ihnen brüllten Saurier aller Gattungen wütend in den Himmel mit der sausenden Farbkugel und den zwei Regenbogen, von denen einer gläsern, der andere kohlpechrabenschwarz funkelte.
»Wir kriegen ihn«, jubelte Anna. »Wir killen das Böse!«
»Hoffentlich«, zweifelte Binka.
Zapp muss die Kugel entdeckt haben, denn sein stäh-

lerner Schrei der Angst hallte über den Himmel. Die verrücktesten Drehungen und Purzelbäume vollführte er, doch unbeirrt kam die Kugel näher. Jetzt schlug sie ein: Zapps Regenbogen zerplatzte in Millionen seltsam glühende Teilchen. Mittendrin schwebte Zapp, sich am letzten schwarzen zerfetzten Farbstrang festhaltend, wie an einem Fallschirm auf die Erde nieder.

Binkas gläserner Regenbogen hing still am Himmel darüber. Drei- und Zweibein schauten stumm auf den hinab segelnden Zapp. Unten auf der Erde fauchten und brüllten Saurier, die sich auf den einschwebenden Happen wie auf eine himmlische Speise zu freuen schienen.

»Das werdet ihr mir büßen!«, brüllte Zapp.

»Das glaub ich nicht«, rief Binka zurück, »ich werd' dich nie wieder sehen in meiner Gegenwart.«

Zapp landete etwas unsanft auf der Erde. Die Saurier rannten brüllend auf ihn zu, doch stoppten sie, wie von einer unsichtbaren Macht bezwungen. Zapp in all seinem Gewürm hatte sich erhoben, starrte die Saurier mit seinem stählernen Blick nieder. Tatsächlich legten sie sich alle gehorsam rings um Zapp ins Gras.

»Du siehst, liebe Anna, welche Macht das Böse hat. Dabei hätten ihn die braven Saurier locker verschlucken können.«

»Vielleicht haben sie einen guten Geschmack und verabscheuen das eklige Gewürm auf dieser Flachzange von Zwerg.«

Binka musste lachen.

»Puh«, stöhnte Anna auf, »jetzt brauch ich was zum Chillen! Fliegst du jetzt endlich mit mir in die Zukunft?«

»Nein.« Binka saß auf seinem Farbensessel und schüttelte entschlossen den Kopf.

Anna stampfte beleidigt auf Ratzel zu, also die Farbe Rindsbratwürstel mit Tapferkeit und maulte: »Hör mal, du dreibeiniger Zwerg, ich bin so gut wie erwachsen. Ich will mit Dir in die Zukunft!«

Binka seufzte bedrepst: »Die Zukunft deiner und meiner Erde wird uns vermutlich furchtbar erschrecken. Ich war noch nie dort, weil ich der klügste Regenbogenzwerg bin, wie du ja weißt. Zur Sicherheit hab ich schon Ende eures 19. Jahrhunderts erste Kontakte zu einem anderen Planeten geknüpft. Der liegt nur zehn Millionen Lichtjahre entfernt. Die Bewohner sind äußerst ulkige Wesen ohne Köpfe, dafür mit ballonartigen Füßen und jeder Menge Augen, die neben ihren kugelförmigen Körper herhupfen. Vor allem aber: Sie haben auf ihrem Planeten noch keinen Regenbogen.«

»Und was willst du bei diesem hässlichen Gesocks?« Anna wurde wütend.

»Ach«, meinte Binka mit einem träumerischen Lächeln, »die würden mich anbeten. So wie früher ihr zweibeiniges Gesocks.«
»So ein Mumpitz«, hielt Anna dagegen, »du eitler Fatzke, du bist ja schlimmer als wir Zweibeiner! Zeig uns doch lieber, was wir ändern müssen, damit unsere Zukunft nicht so grauslig wird, wie es überall zu lesen ist. Wenn ich in der Zukunft war, erzähl ich es daheim Mama und Papa. Die sind so plietsch, dass sie unsere Zukunft in die richtige Bahn lenken. Ich helf ihnen dabei.«
Binka lachte höhnisch: »Ihr drei gegen eine ganze Welt?«
»Wart's ab, Binka!« Anna ballte die Fäuste.
Binka schüttelte wieder sein farbensprühendes Köpfchen: »Nein! Ein für alle Mal! Kein Trip in die Zukunft!«
Anna beugte sich zu ihm runter und schmeichelte: »Lieber, lieber Binka, ich wollte dich nicht beleidigen, aber warum siehst du jetzt so komisch drein?«
»Ach, Anna«, antwortete Binka, »ich hab immer in der Wirklichkeit gelebt und bin seit Millionen Jahren auf jeden neuen Tag neugierig. Wie öde wäre es, wenn ich schon wüsste, was er bringt!«
Anna bettelte weiter: »Nur ein einziges, klitzekleines

Mal! Bitte, bitte, lieber Zick Nick Nack Nobel Dibobel Dibibel Dibinka, der Erste und Letzte und Schönste. Nur ein paar winzig kleine, kurze drei Jahrhunderte in die Zukunft!«

Lange sah Binka sie an. »Also gut«, gab er nach, »aber nur, damit du siehst, dass ich, Zick Nick Nack Nobel Dibobel Dibibel Dibinka, der Erste, Letzte und Schönste, nicht nur diese Erde beherrsche – wenn auch seit Neuestem gegen alle Naturgesetze, sondern auch Zugang zu ihrer Zukunft habe.«

Anna klatschte in die Hände und rief begeistert: »Auf in die Zukunft! Auf in die winzig kleine Zukunft!«

Sie drehte sich zu Binka um und war sehr verwundert: »Warum schnallst du dich denn mit den dümmsten Farben an?«

Binka grinste: »Mein liebes Zweibeinerchen, ich würde dir das auch raten!«

»Warum?«

»Weil es ziemlich rumpeln wird!«

»Das glaub ich nicht«, meinte Anna, schnallte sich aber doch mit ihren drei Lieblingsfarben Knirpsel, Morbitz und Bastrist an. Genauer beschrieben: Rülpser mit Apfelsaft, Faulheit mit Spucke und die Zahl 7 in gelber Eifersucht.

»Also los!«, befahl sie fröhlich. »Endlich werde ich

meinen ersten Kuss sehen. Ob der von Emmeran kommt? Und meinen Ehemann will ich auch sehen…«
»Warum ›meinen‹ Ehemann?« unterbrach Binka sie. »Warum müsst ihr Zweibeiner ewig einander in Besitz nehmen?«
Anna hörte ihn nicht, schwärmte weiter: »Und alle meine Kinder will ich sehen! Und meine Enkel! Und dass ich hundert Jahre lang die beste Bäuerin aller Zeiten bin, mit tausend Kühen, Pferden, Schweinen, die mich alle lieben!« Im nächsten Moment stoppte sie ihre Begeisterung, sah zu Binka und sagte ganz ernst: »Aber du darfst mir nicht zeigen, wie und wo ich sterbe!«
Binka wehrte lachend ab. »Wenn das die einzige Schwierigkeit wäre!« Und er hantierte weiter etwas hilflos an verschiedenen Farbsträngen.

*

Unten auf der Straße schaute der kleine Pjotr mitten in Russland hoch in den blauen Himmel und blieb wie angewurzelt stehen.
»Papa«, rief er, »jetzt zerdätscht es den Regenbogen!«
Sein Papa strich ihm beruhigend über den Kopf. »Reg dich nicht auf. Der schießt zwar seit Neuestem auch mit Kugeln und malt Herzen ins Himmelsblau, aber sich selbst zerdätschen?«

Er sah nach oben und staunte stumm: Der Regenbogen über ihnen nahm gerade sozusagen Anlauf und flog mit hoher Geschwindigkeit gegen etwas Unsichtbares, das er offensichtlich nicht durchdringen konnte. Beim Aufprall wurde er wie eine Ziehharmonika zusammengefaltet und klebte tatsächlich zerdätscht an der unsichtbaren Wand, bevor er sich langsam wieder löste. Jetzt probierte er es wieder, nahm einen neuen Anflug und scheiterte wieder an der unsichtbaren Mauer. Dieses Mal mit solcher Wucht, dass ein riesiger Sprühnebel aus Farbkügelchen auf die Erde niederregnete. Pjotr jubelte, versuchte, einzelne Kügelchen zu fangen und jauchzte: »Juhu, ich bin ein Regenbogen…«

*

Anna wurde so stark durchgerüttelt, dass sie sich krampfhaft an ihren Farbseilen festhielt. »Das ... gibt's … doch … nicht!«, stotterte sie.
Auch Binka riss es in seinen Farbgurten nach vorne, als würde er mit einem Auto gegen eine Wand knallen. »Die … Zukunft … ist … Mist!«, rief er Anna Knall für Knall zu, »wir … kommen … nicht … rein!«
Er riss an drei verschiedenen Farbknüppeln, und der Regenbogen wurde ruhig. Anna richtete sich auf. »Puuuh«, seufzte sie erleichtert.

Binka strich sich nachdenklich durch den Bart, nickte: »Vielleicht ist es ganz gut, dass wir nicht in die Zukunft sehen können.«
»Warum?«, fragte ihn Anna.
»Darum«, antwortete Binka und setzte hinzu: »Jetzt aber zurück in die Naturgesetze. Dort hinten sehe ich Regen. Da fliegen wir jetzt hin, damit die kurzsichtigen Zweibeiner da unten wieder ihre Erde in Ordnung finden.«

*

Doch darin irrte Binka. Wieder wurden Videos und Fotos vom zerdätschten Regenbogen rings um die Erde gezeigt. Wieder diskutierten Fachleute sehr gescheit, aber total ratlos. Wieder sahen gläubige Menschen das Ende aller Zeiten kommen. Besonders fuchsteufelswild aber waren die Physiker: Was sich da gegen jedes Naturgesetz am Himmel abspielte, war seit über zwei Wochen unerklärbar.
Kunzes Chef ließ ihn kommen und beschwor ihn, die Familie Huber nun endlich unter ständige Beobachtung zu stellen. Kunze sagte, es sei nicht leicht, den Assenbauerhof des Huberbauern zu überwachen. Sie würden jetzt einen langen Tunnel graben, um Überwachungskameras in der Nähe des Hofs anzubringen: »Ich bin sicher, dass wir ihn dadurch erwischen.«

»Wen?«, fragte sein Chef.
»Den Regenbogen«, antwortete Kunze. Sein Chef sah ihn sehr merkwürdig an.
»Ich meine natürlich«, stotterte Kunze, »wir werden all die Machenschaften aufdecken, die den Huberbauern und seine Familie befähigen, unsere Naturgesetze auszuhebeln.«
Ergeben nickte sein Chef, musste aber gleich wieder zum klingelnden Roten Telefon greifen. Mit dem Hörer am Ohr beruhigte er den chinesischen Staatschef, dass sein Land nichts mit einem Regenbogen zu tun habe, der immer wieder gegen eine unsichtbare Himmelsmauer angeflogen sei.
»Wir kennen diese Waffe nicht!«, schrie er zuletzt wütend ins Telefon, »wir akzeptieren die Naturgesetze, und wir haben keine unsichtbaren Atomraketen auf Regenbogen montiert!«
Kunze verbeugte sich zum Abschied nur stumm und ließ seinen Chef weiter ins Telefon hadern.

Anna und Binka werden frech

Anna lag gemütlich auf dem Bauch, stützte ihr Kinn auf die angewinkelten Arme, summte vor sich hin und sah sehr zufrieden auf die Gegend unter ihr, die von Regen überflutet, zum Teil aber auch zwischen den Wolken von der Sonne beglänzt wurde.

Binka lag in der gleichen Haltung neben ihr und sah auch hinunter.

»Weißt du, Binka«, sagte Anna, »ich glaube, es war nicht richtig, dass wir dem Saurier sein Kind weggenommen haben. Obwohl sich Papa sicher sehr darüber gefreut hat.«

»Erstens, Anna, waren es nicht ›wir‹, sondern du, und zweitens glaube ich nicht, dass sich dein Vater wirklich über dieses Geschenk gefreut hat.«

»Aber sicher Mama über den Pilz.«

Binka räusperte sich. »Auch das bezweifle ich, denn dieser Pilz braucht nicht Erde, sondern Blut zum Wachsen und Gedeihen. Das weißt du. Hast es sogar deinen Eltern aufgeschrieben«

Anna murrte: »Du hättest es mir verbieten müssen!«

»Wie könnte ich? Im Erdaltertum bist du noch trotziger als in der Gegenwart.«

»Bin ich nicht!«
»Bist du doch!«
»Bin ich nicht!«
Binka seufzte: »Ich verbessere mich: Du bist in der Gegenwart genauso trotzig wie in der Vergangenheit.«
Anna träufelte ein bisschen Tränenglitzer in ihre Augen, nahm Binkas winziges Händchen und gurrte: »Lieber guter Zick Nick Nack Nobel Dibobel Dibibel Dibinka, können wir den süßen kleinen Saurier und diesen grässlichen Pilz nicht wieder zurückbringen?«
»Tja«, meinte der geschmeichelte und gegen Tränen wie üblich machtlose Regenbogenzwerg. »Können täte ich schon wollen würden mögen«, murmelte er im schönsten Durcheinander-Deutsch, »aber dann müsste ich uns anders unsichtbar machen.«
»Was heißt denn das? Wir sind doch unsichtbar?«
»Nicht, wenn wir die Erde betreten! Das ist so kompliziert, dass ich es bisher nur einmal gemacht habe, Das war damals, als ich die kleine heulende Griechin nach unserem kurzen Flug höchst persönlich in die Holzbude ihrer Eltern zurückbrachte.«
Anna drohte Binka mit dem rechten Zeigefinger: »Ich heul gleich los wie das griechische Mädchen! Du machst uns jetzt sofort erdtauglich unsichtbar!«
Binka freute sich über Annas Lebhaftigkeit und gratu-

lierte sich im Stillen, dass Anna noch nicht nach Hause wollte. Aber irgendwann wird der Tag kommen. Was mach ich nur ohne sie, in den kommenden Ewigkeiten?

Anna tanzte in Vorfreude auf ihre erdtaugliche Unsichtbarkeit zwischen den Farbsträngen herum, blieb dann plötzlich stehen und starrte nach unten: »Was ist denn da los?«

Sie legte sich auf den Farbteppich, um genauer hinschauen zu können. Sie entdeckte ein mit Stacheldraht umzäuntes Gelände, auf dem viele Holzbaracken standen. Dazu eine große Halle aus Beton. Auf dem Platz davor standen viele Kinder, aufgestellt wie Soldaten bei einer Parade. Sie wirkten auf Anna sehr verängstigt. Jetzt sah sie auch den Grund dafür: In der Mitte des Platzes peitschte ein großer Mann gerade ein Kind aus.

»Das ist ja richtig mies«, rief Anna zornig.

Binka sah auch hin und seufzte: »So könnt ihr Zweibeiner auch sein! Aber das werden wir gleich haben! Halt dich fest, Anna!« Er streckte den Regenbogen und sauste nach unten zum Platz. Mit zwei Farbarmen riss er dem Mann die Peitsche aus der Hand und schlug damit auf den Prügler ein. Der wusste nicht, wie ihm geschah. Er schrie auf und duckte sich, konnte aber den Schlägen nicht entkommen, während das geschlagene Kind davonlief. Die anderen Kinder erstarrten, dann

fingen sie an zu jubeln. Sie freuten sich, dass endlich ihr böser Quäler selbst zu spüren bekam, was er ihnen immer wieder antat.
Binkas Farbarme ließen die Peitsche fallen, griffen sich den Schinder, zogen ihn hoch und setzten ihn in die Spitze eines hohen Baumes.
Dann zog er den Regenbogen wieder in das Blau des Himmels hoch.
»Dieses sogenannte Umerziehungslager für Kinder ist nicht das einzige in diesem Land. Ein böser Mensch beherrscht es. Ich beobachte diesen Diktator schon seit vielen Jahren. Er unterdrückt sein Volk brutal.«
»Da müssen wir hin, Binka«, rief die erboste Anna. »Den verprügeln wir auch.«
»Willst du so werden wie der Mann im Baum?« fragte Binka.
Anna schüttelte schuldbewusst den Kopf. Dann aber grinste sie: »Und du, Binka? Hast du nicht eben auch auf den Kinder Schinder eingedroschen?«
»Das waren meine Regenbogenfarben«, entgegnete Binka verlegen, »die werden halt auch manchmal wütend angesichts der Quälereien bei euch Zweibeinern.«
»Faule Ausrede, Binka«, lachte Anna, »du kriegst ja sogar rote Bäckchen.«
Binka zog ihr eine Grimasse und lenkte ab: »Wollen

wir nun den Diktator ärgern oder nicht?«
Anna jubelte ein »Ja«.
»Also gut, Anna.« Dabei lächelte Binka mit einer gewissen Schadenfreude, die Anna bisher noch nicht bei ihm bemerkt hatte.
Binka zog an den Farben, die für »Vorwärts« standen, und im Nu wölbte sich sein Regenbogen über einem riesigen Palast, der von stark bewaffneten Männern umstellt war.
»Siehst du, Anna, böse Zweibeiner lassen sich immer bewachen.«
»Was machen wir jetzt?«
»Wie gesagt: Jetzt machen wir uns extra unsichtbar.«
»Na los, Binka!«, strahlte ihn Anna tatendurstig an.
»Komm her«, befahl Binka. »Stell dich vor mich hin, mach die Augen zu und bewege ganz wild deine Zehen. Zugleich musst du deinen Kopf abwechselnd nach beiden Seiten drehen, danach von vorne nach hinten. Aber alles gleichzeitig. Los!«
Anna gehorchte gespannt, machte die Augen zu und spürte, wie etwas Eiskaltes, Glitschiges unten von den Zehen sich aufwärts um ihren Körper legte und zuletzt ihren sich drehenden und nickenden Kopf einhüllte.
»Verdammt, jetzt ist noch dein Fuß zu sehen!«
Anna machte die Augen auf, sah an sich herunter und

tatsächlich: Sie sah nichts mehr von sich, nur ihren rechten Fuß.
Binka hantierte mit anderen Farben, die daraufhin ganz glitschig wurden. »Augen zu!«, befahl er, und die Prozedur begann aufs Neue.
»Verdammich, verdammich«, giftete Binka wieder, »jetzt sind es deine Zähne, die noch blitzen!«
Wieder machte Anna die Augen auf. Sie konnte nichts mehr von sich sehen. »Ich brauch den Spiegel, in dem sich Zapp angesehen hat!«, bat sie Binka aufgeregt. Der lachte. »Du kannst ihn dir greifen, auch wenn du deine Hände nicht mehr siehst. Anna griff zum Spiegelfarbstrang und tatsächlich: Sie spürte, wie ihre unsichtbare Hand den Spiegelfarbstrang hoch hob bis zu ihrem Gesicht, doch was sah sie: Nur ihre Zähne! Nicht mal die Lippen darum herum. »Binka, das ist ja so was von super«, rief sie und sah, wie sich die Zähne ihres Unterkiefers entsprechend ihrer Worte bewegten. Auch das anschließende Lachen konnte sie an den sich auf und ab bewegenden Zähnen bemerken, was sie noch mehr zum Lachen brachte.
Binka stimmte nur kurz in ihre Fröhlichkeit ein, forderte dann streng. »Also, noch einmal: Augen zu und stillgestanden, die Zehen bewegen und den Kopf!«
Wieder fühlte Anna dieses eiskalte, klitschige Tuch

von unten nach oben ihren Körper einhüllen. Sie hörte Binkas Stimme: »Perfekt!«
Anna machte die Augen auf, nahm wieder den Spiegel und sah nichts mehr. Sie hob das linke Bein, das rechte: Nichts. Sie sprang auf den Farben herum: Nichts. Obwohl die Farben unter ihren Sprüngen nachgaben.
»Das ist so was von toll, Binka!« Sie schaute sich nach ihm um. »Binka, wo bist du?«
»Hier, rechts neben dir.«
»Aaaaah«, machte die unsichtbare Anna. »Du bist also auch unsichtbar!«
»Das Zweigebein mit seiner typischen langen Leitung«, spöttelte Binka.
»Aber Binka«, Anna überhörte seinen Spott, »wenn ich dich nicht sehe, kann ich dich ja über den Haufen rennen?«
»Da müssen wir eben aufpassen. Vor allem du, denn ich bin ein paar Zentimeter kleiner. Wir können auch nicht durch Türen oder Wände gehen, und wenn wir in einen Kaktus fallen, tut es uns genau so weh, als wären wir sichtbar.«
Er nahm mit seinem unsichtbaren Händchen Annas unsichtbare Hand, sagte leise: »Komm!«. Beide sprangen die letzten Zentimeter von ihrem Regenbogen auf den Platz vor der stark bewachten Zentrale des bösen

Herrschers, der nicht nur die Kinder quälen ließ. Die Wachen konnten kaum noch mit ihren geschulterten Gewehrten strammstehen. So erstarrt waren sie, weil ein Regenbogen so dicht vor ihren Füßen endete, dann wieder verschwand. Einer der Wachsoldaten wunderte sich jetzt aber noch mehr, denn irgendwas löste die Schnürsenkel seines linken Schuhs. Die andere Wache musste sich dringend an die Nase fassen, denn Niesen war ja auch schwer verboten, dabei kitzelte es ihn dort dermaßen, dass es schier nicht mehr zum Aushalten war. In diesem Moment kam ein Mann in noch glänzenderer Uniform zu den beiden Wachen und brüllte los: »Soldat! Was fällt Ihnen ein, hier mit offenen Schnürsenkeln Wache zu stehen? Und Sie, was machen Sie denn mit Ihrem Gesicht?!«

Überraschend wurde er abgelenkt, denn irgendwas machte sich an seiner Uniform zu schaffen. Unsichtbare Kräfte zogen seine Hose nach unten. Verängstigte Untertanen, die sich zuhauf vor den Toren des Palastes zwangsweise versammelt hatten, mussten loslachen. Die eine Wache nieste befreit auf, während die andere sich wieder die Schuhe zuband. Ihr Vorgesetzter zog sich peinlichst berührt die Hose hoch und eilte davon. Schrecken verzerrte sein Gesicht.

Binka und Anna gingen unsichtbar durchs Tor über

den großen Vorplatz. Am Eingangsportal standen zwei weitere Wachen. Auch sie wunderten sich sehr, weil ihre geschulterten Gewehre gegen ihren Willen nach vorne gezogen wurden. Verzweifelt versuchten sie, ihre Waffen wieder zu schultern, doch die unsichtbaren Kräfte waren stärker. Jetzt »malten« die Gewehrspitzen sogar vor ihnen auf dem Boden einen Kreis. Der vorgesetzte Offizier, dem gerade die Hose runtergezogen worden war, wollte schon wieder anfangen zu schreien, doch musste er sich vorher bücken, denn schon zum zweiten Mal wurde seine Uniformhose bis zu den Knöcheln runtergezogen. Die beiden Wachen fingen an zu lachen. Ihr vor Wut im Gesicht knallroter Vorgesetzter eilte mit wieder hochgezogener Hose an ihnen vorbei in den Palast. Hinter ihm drein liefen die beiden unsichtbaren Übeltäter. Sie sorgten auch dafür, dass der Offizier auf dem dicken, rot-blauen Empfangsteppich hinfiel. Er rappelte sich wieder auf und sah, was er nicht glauben wollte: Im Teppich drückten sich drei winzige Schuhe ab, klein wie die von einem Baby, und zwei weitaus größere, wie von einem zehn bis dreizehnjährigem Kind. Seine Augen quollen beinahe aus den Höhlen. Die Fußabdrücke gingen die Marmortreppe hoch, über deren Mitte gleichfalls der dicke Teppich führte.

Binka und Anna kamen ans Ende der Treppe, hörten Stimmengewirr und betraten den großen Saal, der voller Menschen war. Sie saßen auf Stühlen. Fernsehkameras waren aufgebaut, Techniker liefen herum und befestigten Mikrofone an einem vergoldeten Tisch auf einer erhöhten Bühne. Dahinter stand ein Königsthron, überreich mit Gold, Silber und purpurnen Kordeln verziert. Mehrere riesige Nationalflaggen rundeten die Bühne ab.

Anna hörte Binka weit unter sich flüstern: »Da spricht gleich der Oberböse. Seine Rede wird live im Fernsehen übertragen.«

»Gegen den Brutalo müssen wir was tun!«, gab Anna zurück. Sie bestiegen das Podium. Jetzt erschien ein Mann und rief laut ins Publikum: »Bitte, erheben Sie sich! Die Fanfare wird unseren geliebten Präsidenten ankündigen.«

Alle erhoben sich von ihren Stühlen. Es wurde still im Saal. Ein Mann in einer vielfarbigen Uniform trat hinter dem Vorhang hervor und schmetterte mit seiner Trompete eine Fanfare. Das Publikum begann jedoch zu raunen, denn dauernd schlichen sich beim Spielen quietschende Töne in die Melodie, so, als ob jemand noch ein weiteres Ventil an der Trompete drücken würde. Verzweifelt spielte der Mann das kurze Stück zu

Ende und verließ beinahe laufend die Bühne.
Wieder war es ganz still.
Eine riesige Tür öffnete sich, und vor mehreren mit vielen Orden an ihrer Brust bedeckten Männern betrat gemessenen Schrittes der Oberböse den Saal. Huldvoll sah er zu seinem Volk herab – und fiel stracks auf den dicken Teppich. Anna hatte ihm ein Bein gestellt.
Ein ungläubiges Raunen erfüllte den Saal.
Entsetzt eilten zwei der Hochdekorierten zum platt auf dem Teppich Liegenden und halfen ihm auf. Der Oberböse strafte sie mit einem vernichtenden Blick und erreichte jetzt den Thron. Er nahm Platz, gab ein huldvolles Zeichen, und der ganze Saal setzte sich. Stolz sah er in die Runde, öffnete den Mund und begann: »Mein geliebtes Volk….«, doch konnte er nicht weitersprechen, weil sämtliche Mikrofone auf dem Tisch vor ihm auf den Boden flogen. Wie runter gewischt.
Ein zweites Raunen ging durch den Saal. Wütend sprang der Oberböse von seinem Thron auf und schrie: »Übertragung abbrechen! Wir fangen von vorne an!«
Er stürmte hinaus, die Ordensträger hinter ihm drein. Großes Stimmengewirr setzte im Saal ein. Die Techniker befestigten aufs Neue die Mikrofone, warteten schweigend.
»Wir lassen ihn jetzt seine Rede beginnen!«, schlug

Binka vor. Anna nickte begeistert und flüsterte: »Aber dann geht's rund!«
Wieder setzte der Trompeter zur Fanfare an, konnte sie fehlerfrei zu Ende spielen. Danach wurde erneut die Ankunft des Herrschers gemeldet. Alle erhoben sich und begannen zu klatschen, anscheinend begeistert. Der Oberböse stolzierte herein, winkte huldvoll, setzte sich auf seinen Thron und blickte misstrauisch auf die Mikrofone, doch die blieben alle brav auf dem Tisch stehen. Mit einem falschen Lächeln begann der Oberböse seine Rede: »Mein über alles geliebtes Volk, ich habe euch Wohlstand, Freiheit und Ruhm gebracht…«
Doch in diesem Moment spürte er, wie unsichtbare Hände seine Ohren nach vorne zogen und sie wie Flügel hin und her flattern ließen. Ein drittes Raunen ging durch das Publikum. Auch konnte man schon einzelne Lacher hören, die aber sofort angstvoll erstickt wurden. Der Oberböse fasste sich an seine Ohren, jetzt blieben sie wieder ruhig. Er fuhr mit seiner Rede fort: »Mein geliebtes Volk, das auch mich so sehr liebt…« Wieder musste er stoppen, denn jetzt stülpte eine unsichtbare Hand seine riesige Uniformmütze über seinen Kopf nach vorne. Auf seiner Glatze waren Würmer zu sehen, die denen Zapps glichen, wie Anna erschrocken feststellte.

»Das sind die Würmer des Bösen«, flüsterte ihr Binka zu, während der Oberböse wütend seine Mütze wieder geraderückte. Kurz lächelte er ins erstaunte Publikum und sprach weiter. »Für diese eure große Liebe danke ich euch dadurch, dass ich schon jetzt meinen 12-jährigen Sohn...« Wieder musste er stoppen, denn zum Entsetzen seiner Zuhörer fing er an, mit den Zähnen zu fletschen. Unsichtbare Hände machten sich an seinen Mundwinkeln zu schaffen, zogen sie an beiden Seiten nach hinten, bis zu den Ohren. Vollkommen geschockt versuchte der Oberböse, mit beiden Händen seinen Mund wieder zu schließen, doch jetzt zog jemand seine Augenlider hoch. Aus Riesenaugen starrte er wie versteinert ins Publikum. Das brach in Schreckenslaute aus. Nach einigen Sekunden schnellten seine Lippen wieder zurück. Er konnte weitersprechen: »Mein geliebter Sohn, der schon jetzt der weise Anführer unserer geliebten Jugend ist...«

Leider konnten die völlig verdatterten Zuhörer seine weiteren Sätze nicht mehr verstehen, denn er kaute auf dem goldenen Füller herum, der irgendwie in seinen Mund geraten war. Dieses Mal erntete er schon mehr Lacher aus dem Publikum. Wütend riss der Oberböse den Füller aus seinem Mund, fletschte allerdings im gleichen Moment wieder mit den Zähnen. Seine Ohren flatterten. Jetzt steckte sogar im rechten Nasenloch dieser goldene Füller, bevor sich ihm die riesige Mütze wieder übers Gesicht stülpte.

Ein Sturm des Lachens machte sich im Saal breit. Die Menschen sprangen auf, jubelten, klatschten, und nach einzelnen Rufen formte sich ein Chor, der skandierend rief: »Nieder mit dem Dreckskerl! Nieder mit deiner Herrschaft! Du hast uns geknechtet! Weg mit dir und deiner üblen Tyrannei!«

Wie befreit drängten die gut tausend Menschen zur Bühne vor, teilweise über die Stühle springend. Der Diktator sprang in Todesangst von seinem Thron hoch. Die Ordensträger versuchten, ihn vor Sitzkissen zu schützen, die von seinen Untertanen auf ihn geworfen wurden. Doch schnell witterten sie, dass auch ihr Schicksal besiegelt wäre, wenn sie diesem stürzenden Tyrannen noch helfen würden. So musste er ganz allein davonlaufen. Ein Triumphgeschrei ließ den Saal erbeben: »Wir sind befreit! Wir können wieder leben! Nieder mit dem Mistkerl!«

Die Günstlinge des Diktators stürzten sich zuallererst aufs Podium, schrien den Fernsehtechnikern zu, sie sollten weiter alles senden und riefen scheinheilig in Kameras und Mikrofone: »In diesen Minuten hat unser Volk seine Freiheit wiedererlangt. Wir versprechen

euch: Die nächsten Wahlen werden wirklich frei sein!«
Im riesigen Tohuwabohu sahen nur einzelne, wie die dicken Teppiche im Saal von drei winzigen und zwei viel größeren Kinderschuhsohlen eingedrückt wurden. Einige, die es dennoch bemerkten, schworen sich, demnächst zum Augenarzt zu gehen. Andere wiederum dachten, es sei Folge ihrer Begeisterung oder Bluthochdruck oder ein beginnender Durchfall.
Anna tastete nach Binka, hob ihn auf ihren Arm und gab ihm einen dicken Kuss. Der Regenbogenzwerg wurde tief rot im Gesicht.
»Binka, den haben wir sauber abgekocht! Der wird keine unschuldigen Kinder mehr quälen! Du warst richtig klasse!«
»Du aber auch«, gab der Zwerg auf ihrem Arm verlegen zurück. »Nur der Füller im Nasenloch war ein bisschen übertrieben. Und jetzt lass mich wieder runter.«
Unsichtbar bahnten sich die beiden weiter ihren Weg durch den Tumult. Draußen vor dem Palast war die Menge zu einer jubelnden Masse angewachsen. Auf dem Vorhof führte der gerne seine Hosen verlierende Offizier mit dem niesenden und dem ewig seine Schuhe zubinden müssenden Soldaten ein fröhliches Tänzchen auf. Dazu jubelten sie: »Wir sind frei! Wir sind befreit!«
Dann verstummten sie, ebenso wie die Menge vor den

Toren, denn sie sahen etwas, was sie noch nie gesehen hatten: Das Ende eines Regenbogens setzte ganz zart vor dem Palast auf und segelte kurz darauf in den blauen Himmel davon.

*

»Da segle ich seit ewigen Zeiten über die Erde und wusste gar nicht, dass ich sogar Diktatoren stürzen kann!« Binka schüttelte über sich selbst den Kopf. Auch er sah nach unten. »Sieh mal, wie fröhlich jetzt die geknechteten Untertanen des Oberbösen sind!«
Anna betrachtete das Treiben gleichfalls. »Binka, wir sind ein ganz, ganz tolles Team!« Woraufhin der Regenbogenzwerg wieder ein bisschen rot wurde. Er war froh, dass Anna es nicht sehen konnte, wobei ihm einfiel, dass sie ja noch füreinander unsichtbar waren.
»Anna, wo bist du? Komm her! Ich sitze zwischen Blau und Karitzel. Wir müssen uns ja entunsichtbaren.«
Während er sich Karitzel holte, beschrieb er Anna die deutlich sichtbare Mischung dieser Farbe: »Bratkartoffeln mit gebrochenem Versprechen.«
Die Entunsichtbarung ging schneller als zuvor andersrum. Jetzt konnten sie sich wieder beide sehen und erzählten einander noch einmal kichernd und lachend von ihrem Sturz des Oberbösen.

Mit Binkas Regenbogen in die Wüste

Die Regierungen rings um die Erde gerieten in größte Verzweiflung. Zwar freuten sie sich, dass dieser furchtbare Diktator durch einen Sturm des Lachens entmachtet worden war, aber wie sollte das weitergehen? Wie sollten sie selbst auf diesen überall auftauchenden Regenbogen reagieren? Es beunruhigte sie auch, dass überall die Menschen durch die Kapriolen dieses Regenbogens selbstbewusster wurden: Sie ließen sich weniger gefallen. Also verstärkten die Regierungen auf Plakaten, im Fernsehen und im Internet ihren Kampf gegen den wild gewordenen Regenbogen. Sie versuchten, ihn als Ergebnis einer seit zwei Wochen andauernden ganz seltenen Wetterlage abzutun. Unverfroren warnten sie die Menschen, zum Regenbogen aufzuschauen: Das könnte dem Augenlicht schaden und den Verstand beeinträchtigen! Vor allem die Jugend lachte darüber: Für sie wirkte der herumturnende Regenbogen mit seinen irren Kunststücken auch wie eine Befreiung. Sie hinterfragte verstärkt jede nicht vernünftig begründete Anordnung in Schulen und Universitäten, Fabriken und Handwerksbetrieben, in Theatern und Opernhäusern. Die Mächtigen warnten daraufhin noch nervöser vor dem »gefährlichen und sehr ansteckenden Regenbogenvirus, der viele sichere Arbeitsplätze kostet«.

*

Anna schlief fest, eingehüllt in eine wohlig warme Decke aus Grün, Rot und dem anschmiegsamen Rapitzel, der Farbe von Weißbrot mit lautem Gähnen. Binka überließ die Steuerung seines Regenbogens wieder den Naturgesetzen und schnorchelte leise vor sich hin. Er hatte sich aus Blau, Lila und Ürink, diesem köstlichen Mix aus Geiz und Petersilie, einen schluffig-weichen Schlafstuhl geformt. Zwischen Regen und Sonne spannte sich sein Regenbogen ganz unschuldig über den Himmel, misstrauisch von Satelliten, Radarstationen und Generälen beobachtet.

*

Geheimdienstchef Kunze hatte nur noch ein paar Kilometer Autofahrt bis zum Assenbauernhof. Hinter seiner prächtigen Luxuslimousine fuhr ein Bus mit schwerbewaffneten Soldaten.
Hans wusste nichts davon, als er mit Lena frühstückte.
Das Telefon klingelte.
Gitti, die Metzgerin, rief aufgeregt in den Hörer: »Hans, da fahren Soldaten und irgendein Wichtigtuer in einer Mordskarre zu dir!«
Schon war das Telefon wieder tot.

Hans sah zu Lena hinüber. »Das war die Gitti, sie sagt, Männer mit Waffen kämen zu uns.«
»Dann hol doch ein paar Flaschen Bier aus dem Keller!«
»Nein, die wollen sicher nicht saufen. Die wollen was ganz anderes! Ich muss Butzi und Wulli verstecken.«
Beim Hinauslaufen rief er Lena zu: »Halt die Deppen irgendwie auf, bis ich wieder zurück bin!«

*

Oben auf dem Regenbogen erwachte Anna, reckte und streckte sich und kitzelte wie üblich den noch schnorchelnden Binka an der Nase, bis der niesend wach wurde. Sie schaute nach unten.
»Ui«, rief Anna aufgeregt, »Papa zerrt ja unser Geschenk in den Wald und kämpft mit dem schönen Pilz, den er auf dem Arm trägt. Merkwürdig!«
Binka legte sich neben sie: »Der will deine Geschenke verstecken.«
Er sah nach links: »Da fahren Leute auf euren Hof zu.«
Anna hatte sie auch entdeckt: »Das sind böse Menschen! Binka, wir müssen die aufhalten! Papa will meine Geschenke sicher in unserer Berghütte verstecken.«

*

Hans hatte größte Mühe mit Annas Geschenken und fluchte herzhaft vor sich hin. Entweder musste er die Saugfäden dieses Miststücks von Pilz aus seiner kaum verheilten Kopfwunde wegreißen, oder den kleinen Saurier an der Kette zu sich hinziehen, denn der wollte dauernd nach rechts oder links in den Wald ausbrechen. Butzi war sehr aufgeregt, weil er angesichts der Bäume offensichtlich Heimatgefühle hegte. Deshalb fing er an, in größter Lautstärke zu jaulen, so, als ob er nach seiner Mutter riefe.

»Sei still, Mistviech, elendigliches! Deine Mama bin jetzt ich, und du bist eine Weltsensation, wenn ich dich vorzeige! Aber die uns da besuchen, haben nichts Gutes im Sinn. Die werden euch mitnehmen und aufschneiden. Das wollen wir doch alle drei nicht, gell, Butzi und Wulli?«

*

Aus der Ferne sah Geheimdienstchef Kunze in seiner Luxuslimousine schon den Bauernhof, als er plötzlich die Augen schließen musste, so grell waren die Farben, die ihn, seinen Fahrer und das Auto einhüllten, genauso wie den Bus voller Soldaten hinter ihnen. Die schrien auf und versuchten, im engen Bus ihre Waffen zu entsichern.

»Ein Farbangriff! Achtung! Zielen und auf mein Kommando schießen!«, schrie der Kommandeur. Es machte »Rums«: Der Bus war der Limousine hintendrauf gefahren.

»Eine der besten militärischen Übungen, die ich je mitgemacht habe«, spöttelte ein Soldat.

Gleich darauf fühlten sich alle von den sie umhüllenden Farben sanft angehoben und kurz darauf wieder abgesetzt. Blitzartig verschwanden die Farben. Beide Fahrzeuge gaben Gas und fuhren los, bis Geheimdienstchef Kunze seinen Fahrer anbrüllte: »Wo ist denn jetzt der Bauernhof? Die ganze Gegend sieht doch ganz anders aus! Und wieso kommt da ein Kamel auf uns zu? Und noch mehr Kamele! Und wieso hat dieser Mensch dort ein weißes Gewand an, statt Hemd und Hose? Einen Turban trägt er auch! Macht der Huberbauer Witze mit uns? Das soll er mir büßen!«

Der Kamelhirte starrte Bus und Luxusauto an, nahm misstrauisch aus seinem glatten Gewand ein Smartphone, tippte eine kurze Nummer und sprach hinein. Kunze stieg aus, ging auf ihn zu und wollte den offenbar verrückt gewordenen Bauern zur Rede stellen: »Herr Huber? Mein Name ist Kunze…«

Weiter kam er nicht, denn der Mann lief voller Angst davon. Vielleicht auch, weil er hinter Kunze Soldaten entdeckt hatte, die aus dem Bus gesprungen waren und sich mit vorgehaltenen Gewehren auf die Erde warfen. Befehl ist Befehl, Kamel hin oder her.

Kunze drehte sich im Kreis und erkannte, dass er offensichtlich, statt beim Bauernhof zu sein, in eine Wüste verbracht worden war. Auch er holte sein Handy raus und brüllte hinein: »Hier Geheimdienstchef Kunze. Bin derzeit unabkömmlich. Ich befehle, sofort mit zwanzig Mann zum Huberbauern zu fahren, den Hof zu umstellen, das verdächtige Ehepaar festzuhalten und zu verhören.«
In der Ferne hörte er jetzt Sirenen, und schon sahen er und die anderen mehrere Polizeifahrzeuge in großer Geschwindigkeit auf sie zurasen.
Kunze war verdattert. Offensichtlich hatte sie der Kamelhirte herbeigerufen. Jetzt bewies er allerdings, warum im Geheimdienst der Spruch umging: Wo Kunze hindenkt, wächst kein Gras mehr.
Er befahl den Soldaten, alle Waffen auf einen Haufen zu legen, auch die Pistolen, Granaten und was man sonst noch braucht, um dem Huberbauern endlich sein Geheimnis um den verdammten Regenbogen und die drei Schühchen zu entreißen. Die Soldaten gehorchten.
»Alle aufstellen und die Arme emporstrecken. Wir zeigen denen, dass wir uns ergeben«, rief Kunze und fügte noch hinzu: »Dieser verdammte Regenbogen hat uns in ein ganz anderes Land verfrachtet.«

Den ankommenden Polizisten bot sich ein merkwürdiges Bild: Nicht nur, dass sich über den strahlend blauen Himmel ein knallbunter Regenbogen spannte. Sie verblüffte auch, dass vor einem Bus und einer Luxuslimousine um die dreißig Menschen in Uniform standen, die alle ihre Arme in die Luft streckten. Nur zwei von ihnen waren zivilgekleidet, der Fahrer und der Geheimdienstchef. Kunze ging jetzt mit erhobenen Armen auf die Polizisten zu, doch die konnten sich das Lachen nicht mehr verbeißen. Der Polizeikommandant machte eine Bewegung, dass der Fremdling doch bitte seine Arme runternehmen möge. Und nachdem sie eine Sprache gefunden hatten, die sie beide verstanden, nahm eine ziemlich große Regierungskrise ihren Anfang: Wieso und auf welchen geheimen Wegen, sogar übers Meer, war es den bewaffneten Fremden gelungen, mitten in ihren Staat zu gelangen?
Da half zunächst auch nicht, dass sich Geheimdienstchef Kunze während der folgenden Verhöre auf einen Regenbogen berief, der sie auf ihrem Weg zu einem Verdächtigen in Deutschland eingehüllt und durch die Luft entführt habe.
Erst nach und nach wurde ihm geglaubt, zumal sich ja mit diesem Regenbogen schon die erstaunlichsten

Szenen abgespielt hatten, wie inzwischen alle auf der Erde wussten.

*

Oben auf dem Regenbogen hatten Anna und Binka die Szene beobachtet.
Anna lachte und klatschte in die Hände: »Jetzt ist Papa in Sicherheit.«
Binka schüttelte den Kopf: »Glaube ich nicht. Die Mächtigen bei dir daheim werden nicht lockerlassen.«
Das leuchtete Anna ein. Sie dachte nach und sagte: »Binka, wir müssen wirklich meine Geschenke in die Vergangenheit zurückbringen! Dann können sie nichts mehr gegen Mama und Papa machen.«
Binka nickte: »Endlich wirst du vernünftig!«
Der Regenbogen drehte ab und zog in Richtung Assenbauernhof davon.

*

Endlich hatte Hans mit seiner zänkischen Last die Berghütte erreicht. Er war froh, dass er noch nicht seine Kühe auf die Alm getrieben hatte. So war der Stall frei, in dem er Butzi festband. Danach steckte er den bockbeinigen Pilz in den Bottich, in dem Lena sonst die Milch zu Käse gerinnen ließ.
»So«, rief er dem Pilz zu, »und jetzt wird nicht Blut geschleckt, sondern die Reste des besten Käses, den du

hier in Bayern findest.«

Der Pilz drehte sich missmutig im großen Bottich. Seine schwarzen Fäden schnupperten an der angetrockneten, blutleeren weißen Pampe, richteten sich auf und sahen Hans sozusagen vorwurfsvoll an.

Hans schüttelte im Hinausgehen den Kopf und murmelte: »Pilze gibt's, das gibt's nicht!«

Er holte den schweren Rucksack, den er mitgeschleppt hatte und warf Butzi im Kuhstall zunächst einige Fleischbrocken hin. Danach füllte er eine Schale mit Schweineblut, und leerte sie in den Käsebottich. Endlich war Ruhe. Butzi und Wulli fraßen und soffen.

»Jetzt muss ich jeden Tag einen vollen Rucksack hier raufschleppen«, beschwerte sich Hans seufzend bei sich selbst und machte sich auf den Heimweg. In der Ferne sah er beim Abstieg einen Regenbogen, der sich zu nähern schien. Hans blieb stehen. »Wenn da unsere Anna drauf ist, mach ich dem Regenbogen einen Knoten rein!«

Auch der Regenbogen hatte in seinem Flug angehalten, was Hans doch sehr verwunderte. Also stieg er weiter ab, um etwas auszuprobieren. Sofort kam auch der Regenbogen wieder ein Stück näher. Hans blieb stehen, der Regenbogen auch. »Das gibt's doch nicht! Macht sich meine eigene Tochter lustig über mich?« Er stieg weiter bergab. Auch der Regenbogen setzte sich wieder in Bewegung. Hans lief schneller, kam zu den ersten Bäumen und versteckte sich unter einem umgefallenen, stark vermoosten Stamm.

»Euch werd ich's zeigen!«, murmelte er. Doch kurz darauf wurde ihm ganz bunt vor Augen. Er musste sie schließen, so grell waren die von ihm noch nie zuvor gesehenen Farben. Als er die Augen wieder öffnete, wollte er ihnen erst recht nicht mehr trauen: Direkt vor ihm ragte aus einer riesigen Farbenwand ein noch farbigerer Zeigefinger heraus, der ihn lockend aufforderte, in Richtung Tal weiterzugehen.

»Herrschaftszeiten, Anna!«, rief er wütend in die bunte Wand. »Bist du's?«

*

Anna sah zu Binka hinüber. »Darf ich ihm antworten?«

»Kommt überhaupt nicht in Frage!«, bestimmte Binka mit fester Stimme.

Er zog und drückte an verschiedenen Farbsträngen: Wie mit Greifarmen wurde Hans am leeren Rucksack unter dem Baum hervorgezogen und in Richtung abwärts aufgestellt. Dann bekam er vom roten Farbstrang einen leichten Tritt in den Hintern, was ihn nach vorne stolpern ließ.

»Jetzt teilt dieser depperte Regenbogen auch noch

Fußtritte aus«, ärgerte sich Hans und fing an zu rennen. Der Angstschweiß trat auf seine Stirn. Seine Hände und Beine zitterten, und ein Ton der Qual entfleuchte seiner Brust.

*

»Siehst du, Anna«, sagte Binka, »schon einen kleinen Fußtritt zu ertragen, fällt euch Zweibeinern schwer, wenn er nicht zu erklären ist.«
»Quatsch mit Soße!«, antwortete Anna verärgert.
»Tja«, meinte Binka in sehr eitler Stimmlage, »wer die tiefe Weisheit von Zick Nick Nack Nobel Dibobel Dibibel Dibinka, dem Ersten und Letzten und vor allem Schönsten aller Regenbogenzwerge, nicht versteht, tut sie als ›Quatsch mit Soße‹ ab. So, und jetzt retten wir die beiden Lieblinge deiner Eltern!«
Er setzte den Regenbogen in Richtung Berghütte in Bewegung.

*

Hans beruhigte sich nur langsam. Kurz vor seinem Haus sah er zwischen den Bäumen hoch oben den Regenbogen vorbeifliegen. Erstarrt blieb er stehen, als er von dort oben zwischen den Farben das Jaulen von Butzi und das gierige Schmatzen von Wulli vernahm.
»Ich werd' noch narrisch«, murmelte er. Ein paar Minuten später blieb er wieder abrupt stehen: Sein Bau-

ernhof war umringt von Uniformierten. In ihrer Mitte stand Lena. Sie weinte, wischte sich mit dem Taschentuch die Augen trocken, während sie drohend von einem der Uniformträger befragt wurde.
»Lassen Sie sofort meine Frau in Ruhe!«, schrie Hans schon von Weitem. Er rannte los. Nein, jetzt war er nicht mehr narrisch, sondern wieder bei vollem Verstand und sehr zornig, denn er liebte Lena über alles, auch wenn ihre Tochter mit Regenbogen herumfliegt und irdisches Geschehen durcheinanderbringt.

*

Oben auf dem Regenbogen war die Hölle los. Butzi war viel zu stark, um sich von Anna festhalten zu lassen. Er sprang, fauchte und jaulte herum. Aufgehetzt wurde er von Wulli, dem widerlichen Blutsäuferpilz. Auf seinen Fadenbeinen trottete der vor ihm her und saugte an allen Farben. Nicht nur an Blau und Grün, sondern auch an Tarlaba, dieser Mischung aus Spiegeleiern und sternklarer Nacht. Binka fehlte schon ein Stück Bart, das Butzi als Reiseproviant verschlungen hatte. Anna versteckte sich in höchster Not hinter einem Farbengestrüpp. Auch Binka flocht um sich herum ganz schnell einen Farbkäfig, völlig vergessend, dass er ja unsterblich war. Als ihm das selbst aufging, murmelte er: »Das gibt's doch nicht, diese Zweibeiner bringen selbst mich um meinen ewigen Verstand! Nie wieder nehme ich Anna oder sonst wen mit!«

»Die Mama weint! Was wollen denn die Männer von ihr? Suchen die mich? Da kommt Papa angelaufen!«, rief Anna ganz aufgeregt. »Binka, was sollen wir machen?«

Binka stoppte den Regenbogen abrupt. Vom Himmel drang deshalb ein quietschendes Geräusch auf die Erde, wie beim Bremsen eines uralten Autos.

*

Hunderttausende Menschen sahen hoch und klatschten begeistert. Der wild gewordene Regenbogen war inzwischen ihr bester Freund. Sie bejubelten angstfrei jedes seiner neuen Kunststücke und beobachteten, wie er jetzt in eine waldreiche Gegend niedersauste.

Hans blieb wie angewurzelt wenige Meter vor Lena und den Beamten stehen. Um die Beamten schlang sich jetzt so etwas wie eine riesige, farbsatte Hand und riss sie alle zusammen hoch auf den Regenbogen.

Mit der Zweibeiner Beute rauschte er davon.

Hans und Lena standen allein auf ihrem Hof und schauten sich entgeistert an. Das war ja alles nicht zu fassen!

Das dachte sich auch der Kamelhirte. Erst stand er mit seinen Kamelen einem Bus und einem Luxusauto gegenüber, und jetzt liefen da wieder diese fremdartig gekleideten Menschen herum. Zitternd griff er zu seinem Handy und kurz darauf kam wieder die Polizei angebraust.

Der Regierungschef ließ sich, kaum hatte er davon erfahren, über das Rote Nottelefon mit dem obersten Mächtigen in Annas Heimat verbinden und beschimpfte ihn mit sehr unwirschen Worten.

Anna bringt Butzi und Wulli ins Aussterben zurück

Binka und Anna hatten die Gegenwart inzwischen längst verlassen, kurvten über die Jahrhunderte hinweg, warfen nur einen kurzen Blick auf die Seeschlacht bei Trafalgar, genau in dem Augenblick, als der englische Admiral Lord Nelson von einem französischen Scharfschützen tödlich getroffen wurde. Sie beschleunigten ihre Geschwindigkeit, als sie mit ansehen mussten, wie Karl der Große ein Blutbad unter den Sachsen anrichtete. Das war Wulli, der auch auf die Erde starrte, angesichts der vielen blutigen Leichen gar nicht recht. Seine schwarzen Fäden leckten schon sehnsüchtig sein blutgieriges Pilzmündchen ab. Kurz darauf beobachteten Binka und Anna, wie ein Wikingerboot mit bärtigen Männern am Gestade Amerikas landete. Der Kapitän fluchte sehr, weil er glaubte, er habe sich verrudert und versegelt. Weiter flitzten sie in die Vergangenheit. Die Erde bestand nur noch aus unendlichen Wäldern, Savannen, Sümpfen, Vulkanen und einem eifrig herum wuselnden Getier. Dazwischen zeigten sich einzelne merkwürdige Zweibeiner, die angesichts des Regenbogens sofort auf die Knie fielen

und anbetend die Hände gegen ihn ausstreckten.
»Meine Lieblingszeit!«, seufzte Binka. »Ach, was ihr Zweibeiner alles verloren habt! Vor allem mich nicht mehr anzubeten, ist eine Schande!«
»Du Aufschneider«, lachte Anna, wurde aber gleich wieder still, denn ihre Stimme hatte den hungrigen Passagier Butzi auf sie aufmerksam gemacht. Er legte lauschend und sich das Maul leckend den Kopf zur Seite. Anna duckte sich ängstlich. Abgelenkt wurde der Hungrige durch einen Blick nach unten: Das war ja seine Heimat! Dort mussten doch Mama und Papa leben! Ganz still und voller Heimweh blickte er auf die Erde. Der Regenbogen verlangsamte seinen Flug. Neben Butzi saß nun auch Wulli still. Seine gierigen schwarzen Fäden waren brav wie ein Haarkranz um sein kaum sichtbares Mäulchen geschlungen.
Anna beobachtete die beiden und lächelte glücklich.
»Das ist schon richtig, dass wir sie zurückbringen.«
Binka nickte stumm.
»Da ist ja der arme Saurier, dem du deine Schuhe so brutal rausgebissen hast!«, rief Anna und deutete nach unten. Dort starrte sie der riesige Saurier an und geriet völlig außer sich, als er auf dem nur noch knapp über dem Erdboden schwebenden Regenbogen sein Kindchen entdeckte.

»Na los, spring schon!«, munterte Anna Butzi auf.
Als hätte Butzi sie verstanden, schaute er sie dieses Mal nicht als leckeren Happen an.
»Hab ein schönes Leben, bevor du ausstirbst!«, setzte Anna noch mit einem kleinen Schluchzer hinzu. »Bei meinem Papa hättest du überlebt!«
Butzi sprang und wurde unten von seinem Papa (oder war's die Mama?) rundum freudig abgeschleckt. Beide trotteten selig davon. Deutlich sah man die Narbe am Hinterbein.
Wulli blieb unschlüssig sitzen.
»He, du!«, rief Anna, »auch Pilze haben Eltern! Los! Spring! Dahinten, rechts vom kleinen Vulkan, soll es einen gewaltigen Blutsee geben!«
Der durstige Pilz spitzte seine Fäden, nickte und kugelte beherzt vom Regenbogenrand zu Boden, auf dem es noch keine Menschen gab.
Sowohl Dreibeiner wie Zweibeinerin beobachteten die lebendige, wimmelnde Erde, die riesigen Wasserfälle, die blubbernden tiefen Sümpfe, die unergründlichen Wälder – und ihr Verschwinden, als sie langsam wieder in die Gegenwart zurück segelten.

Anna erfindet Seltsames in der Steinzeit

Anna ahnte, dass ihre Reise zu Ende gehen würde. Auch hatte sie, seit sie ihren Papa mit Binkas Regenbogen so geschockt hatte, wieder großes Heimweh. Sie flogen über die Millionen Jahre zurück näher in die Gegenwart. Anna staunte schon zum dritten Mal über die Verwandlung der Erde: Je mehr Zweibeiner auftauchten, desto öfter sah sie im Vorbeiflug furchtbare Kämpfe zwischen ihnen, mit Steinen und Speeren, überall lief Blut.

»Halt!«, rief Anna. »Da sind Steinzeitmenschen! Da will ich hin!«

»Das geht nicht. Du darfst dich nicht zeigen.«

»Warum denn nicht?«, trotzte Anna.

»Darum nicht!«, beharrte Binka.

»Ah«, gab sich Anna sehr clever. »Der ›Darum‹ verbietet dir also, mich den Steinzeitmenschen zu zeigen!«

»So ist es nicht«, zögerte Binka in seiner Antwort. »Bis jetzt hat dich, bis auf Staffelkapitän Wilson niemand von euch Zweibeinern gesehen.«

»Du vergisst Papa!«

»Hast recht. Aber du bringst die Steinzeitmenschen um

ihren Verstand, wenn du dich ihnen zeigst in deinen Jeans, deinem Shirt und vor allem mit dieser riesigen Opalkette.«

»Und das alles verbietet dein ›Darum‹?«

»Anna, du bist das hartnäckigste, rechthaberischste Wesen, das ich je auf meinem Regenbogen mitgenommen habe.«

»Das war vor mir doch nur das griechische Mädchen.«

Binka sah sie lächelnd an: »Na ja, ein paar mehr waren es schon. Aber die haben alle gleich losgeschrien und wollten wieder runter von meinem Regenbogen.«

»Ich aber nicht! Und dem tapfersten Zweigebein, das je mit dir flog, musst du diesen kleinen Gefallen tun.«

»Muss? Muss? Was ist das denn für ein Gesetz?«, fragte Binka.

Anna streckte den Zeigefinger gegen Binka aus und verkündete mit dem Versuch, sich die stählerne Stimme von Zapp zu geben: »Das ist mein Gesetz. Das steht höher als dein doofes, nach dem wir uns nicht meinen eigenen Vorfahren zeigen dürfen. Im Übrigen ist der Gast König, und ich bin dein Gast.«

Tiefernst betrachtete Binka das Mädchen, das ihn schon zu so vielen schrägen Unternehmungen bewogen hatte, und das ihn nun zu etwas drängte, was ihm echt zuwider war. So ein Scheibenkleister, dachte er wieder mal den schlimmsten Fluch, den er kannte. In seiner ganzen Winzigkeit richtete er sich auf, öffnete den Mund, um etwas zu sagen, schloss ihn wieder und versank erneut in tiefe Gedanken.

Anna wusste, dass sie ihn jetzt auf keinen Fall stören durfte.

Was soll es den Steinzeitmenschen schaden, versuchte sich Binka zu beruhigen, wenn sie dieses lausefreche Zweibeinerchen aus ihrer eigenen zig Tausende von Jahren entfernten Zukunft einmal kurz sehen dürfen? Er konnte ja danach mit seiner geheimsten Gabe über ihre Stirn wischen. Dann würden sie sofort alle Annas Besuch vergessen.

Ja, das war die Lösung.

In seiner ganzen großartigen Winzigkeit richtete er sich auf und wandte dabei einen alten Trick an: Der tausendfarbige Regenbogen fächerte sich um ihn herum auf wie ein Pfauenrad. Feierlich sagte Binka: »Also gut, Anna. Wir werden vor diesen Menschen dort unten bei den Felsen landen, und du darfst dich ihnen zeigen. Damit du keinen Schaden anrichtest, werde ich eure Begegnung hinterher aus ihrem und deinem Gedächtnis verschwinden lassen.«

Niederknieend umarmte ihn Anna begeistert. Binkas Verlegenheit ließ die Farbkügelchen nur so um seinen

Bart sprühen.
»Ich selbst bleibe aber unsichtbar«, setzte Binka noch hinzu.

*

Sie landeten vor dem Felsen. Dort fielen Männer, Frauen und Kinder sofort anbetend vor dem Regenbogen auf die Knie. Die Anbetung schlug in Entsetzen um, als sie Anna herabspringen sahen. Zitternd wichen die Steinzeitler in ihren Fellschurzen an die Felswand zurück. Dazu gaben sie Laute von sich, die Anna noch nie gehört hatte: Krächzen und Giggeln, rachiges Kratzen, dazwischen Pfeiftöne.
Daraus ist also unsere Sprache geworden, fiel Anna ein, und sie begann zu lachen. Das nahm ihr zugleich die Furcht. Ganz langsam ging sie auf die Steinzeitler zu. Die Kinder drängten sich weinend und schreiend an die Erwachsenen. Ein Mann hob drohend sein Steinbeil. Anna blieb stehen, hob, um Frieden bittend, ihre Arme und verbeugte sich. Das verblüffte die Fellschürzler und ließ sie ruhiger werden. Die Kinder lösten sich von den Erwachsenen und tippelten neugierig auf Anna zu. Sie strichen über den Stoff ihrer Jeans, den ihres Shirts, vor allem aber drehten sie ihre Opal Halskette nach allen Seiten. Dazu quollen wieder unverständliche Laute aus ihren Mündern. Nur ihr Lachen tönte wie das von heu-

te. Ihre Angst vor diesem fremden Wesen wich. Zwei Kinder nahmen sie rechts und links an der Hand und führten sie zu den Erwachsenen. Anna streckte ihnen zur Begrüßung ihre rechte Hand entgegen, musste sich dann aber sehr zusammenreißen: Erst spuckten nämlich die Männer auf Annas Handfläche, dann die Frauen. Dazu lachten sie ein herzliches Willkommen.
Anna kapierte: Es ist deren Art der Begrüßung.
Das werde ich mit Emmeran von jetzt ab auch so machen, dachte Anna.
»Binka«, flüsterte sie dem unsichtbaren Regenbogenzwerg zu, »wer ist denn da die Mutter, wer der Vater dieser Kinder?«
»Das gab's damals noch nicht. Damals war die Sippe alles.« Er seufzte kurz auf: »Es gab noch nicht ›Mein Mann‹ oder ›Meine Frau‹ oder ›Unsere Kinder‹.«
»Wie traurig«, flüsterte Anna.
»Wie schön«, flüsterte Binka zurück.
Jetzt winkte einer der Väter Anna zu. Sie sollte wohl mit ihnen in ihre Höhle kommen. Dort loderte ein Feuer, in dem riesige Fleischstücke brieten. Viel zu lange, denn sie waren ganz schwarz. An den Höhlenwänden sah Anna Felszeichnungen, eingeritzte Tiere, Menschen, Kämpfe zwischen Jäger und Tier, alles in kargen Strichen. Darunter auch ein Tier mit großen Hauern. Der

Mann deutete auf diese Zeichnung und dann ins Feuer.
»Ah«, sagte Anna, »heute gib's Schweinshaxe.«
Die Steinzeitler um sie herum fingen daraufhin ganz schrill an zu lachen. Anna sah verdutzt herum, bis sie es verstand: Die fanden ihre Sprache unmöglich! Es war für sie ein unverständliches Gequakel, nicht zu vergleichen mit ihrer eigenen Sprache. Die Kinder versuchten, einzelne Worte, die Anna gesagt hatte, nachzusprechen und wurden dabei von noch größeren Lachanfällen durchgeschüttelt. Anna stimmte mit ein. Einer der Männer zeigte ihr, wo sie sich hinsetzen sollte, ziemlich dicht ans Feuer. Er holte eine mächtige Fleischkeule aus dem Feuer, wedelte sie durch die Luft, offensichtlich, um sie abzukühlen.
Das alles beobachte von einer kleinen Höhle hoch oben ein junges Mädchen, kaum älter als Anna. Zunächst hatte es sich entsetzt wegen dieser merkwürdigen Besucherin in die Ecke gedrückt, dann aber, immer neugieriger werdend, wieder nach vorne an den Rand gewagt und nach unten geschaut. Mit brennenden Augen starrte sie auf Anna. Keiner bemerkte sie. Keiner kümmerte sich um sie. Vor allem jetzt nicht mehr, als der Mann Anna die riesige Keule in die Hände drückte. Binka stand unsichtbar am Höhleneingang und grinste still vor sich hin. Das Mädchen ganz oben in der Höhle

konnte er allerdings von seinem Platz aus nicht sehen. Anna musste sich nur kurz überwinden, biss dann hinein. Der Braten war unter der verkohlten Außenschicht saftig und schmeckte vorzüglich. »Endlich wieder was Warmes!«, sagte sie laut in Richtung Binka. »Dein Farbengulasch ist nix dagegen!«
Ihre für die Steinzeitmenschen unverständlichen Worte riefen wieder stürmisches Lachen hervor. Jetzt griffen auch sie zu den Fleischstücken und aßen, schmatzten dabei sehr laut. Das würden mir Mama und Papa nicht durchgehen lassen, dachte Anna, fühlte sich aber ansonsten überraschend gut aufgehoben.
Ganz oben in der Höhle fing das junge Mädchen an, mit einem spitzen Stein eine Figur in die Felswand zu ritzen, die immer mehr Anna mit der Keule im Mund und ihrer schönen Opalkette um den Hals glich. Keiner hörte ihre Kratzgeräusche, auch Binka nicht. Er hatte sich – noch immer unsichtbar – gleichfalls ans Feuer gesetzt und betrachtete nachdenklich das Bild der miteinander vereinten Zeiten. Ach, diese Zweibeiner! Es könnten so tolle Wesen sein, wenn nicht immer wieder die Würmer des Zapp über sie kämen! Dieses Gierige, dieses Verlogene, dieses Feige. Trotzdem hab ich sie alle lieb, besonders aber diese mutige, selbstbewusste Anna, obwohl sie leider auch nur zwei Beine hat.

Das friedlich dahin schmatzende Mahl wurde durch immer lautere Geräusche von Kratzen, Schleifen und schwerem Stöhnen unterbrochen. Anna drehte sich zum Ausgang und sah dort, wie vier junge Männer und zwei Frauen, alle im Fellschurz, unendlich schwitzend und am Ende ihrer Kräfte einen riesigen Salzblock vor die Höhle zogen.

Was für eine doofe Plackerei, dachte Anna. Wenn die eine Karre hätten, wäre das ein Leichtes! Sie stand auf, ging auf die schnaufenden Menschen zu, die bei ihrem Anblick sofort schreiend davonliefen. Einer der Männer kam aus der Höhle hinter ihr her, grunzte und fiepte Unverständliches. Es folgte etwas wie das Krähen eines Hahns. Die Fliehenden blieben stehen und starrten von Weitem auf Anna. Ganz langsam kamen sie zurück. Anna machte leider den Fehler, den Schwitzenden ihre Hand zur Begrüßung hinzustrecken, denn alle sechs spuckten je zwei Mal hinein. Binka hielt sich vor Lachen sein Bäuchlein.

Kurz darauf begann allerdings auch er zu schwitzen. Er beobachtete, wie Anna unter dem lauten Gelächter der Sippe und der Salzschlepper in den Sand vor der Höhle mit einem Stock zunächst ein Rad ohne Speichen malte, danach ein zweites Rad und dazwischen eine Achse, auf der Bretter lagen. Die Menschen lachten

nicht mehr. Sie starrten wie von Sinnen auf die zeichnende Anna. Die deutete auf den riesigen Salzblock und zeichnete ihn auf die Karre. Zu ihren erklärenden Sätzen machte sie Bewegungen, die anzeigten, dass der Salzblock auf diese Karre gehoben werden müsste. Zuletzt malte sie einen Pfeil vorwärts, wie eine Richtungsangabe und dazu Menschen, die diese Karre auf zwei Rädern zogen und von hinten schoben.
Dazu sagte sie stolz: »Mit einer zweirädrigen Karre geht alles viel cooler.«
Sie erhob sich aus der Hocke. Niemand kümmerte sich um sie. Alle starrten auf die Zeichnung im Sand. Kurz darauf brach zwischen ihnen ein sehr aufgeregtes Gekrächze, Gewieher, Gefiepe, Gegrunze los. Offensichtlich diskutierte die Sippe die Erfindung, die von diesem nur unverständliches Kauderwelsch sprechenden Wesen in den Sand gezeichnet worden war.
Anna ging allein in die Höhle zurück und entdeckte das auf sie runter starrende Mädchen. Neugierig winkte Anna zu ihr hoch: »Willst du nicht zu mir runter kommen?«
Das Gesicht verschwand blitzschnell hinter der Felskante.
Binka konnte die kurze Begegnung nicht mehr beobachten, als er, selbst unsichtbar, Anna aus der Höhle holte.

»Komm, lass uns fliegen, Anna. Du bringst sonst die Geschichte der Zweibeiner völlig durcheinander. Das mit dem Rad war ganz falsch! Das wird erst viel später erfunden.«
»Das glaubst auch nur Du, Binka!« Anna war unendlich stolz. »Ich bin es, die als einzige den Fortschritt in die Steinzeit bringt!«
Bevor Anna auf den Regenbogen kletterte, ließ sie sich zum Abschied noch einmal die Hände vollspucken.
Binka verwischte derweil mit seinen drei Schuhen Annas Zeichnung von Rad, Karre und Salzblock darauf.
Die Steinzeitmenschen staunten, wie ein unsichtbarer Besen die Zeichnungen vor ihrer Höhle wegwischte.
Nicht lange waren sie verwundert, denn Binka sprang vor jedem einzelnen in die Höhe und strich ihm mit der linken Hand über die Stirn. Jetzt wussten sie nichts mehr vom neuen Transportmittel für ihr Salz oder von Annas Besuch aus der Zukunft.
Nur das junge Mädchen oben in der Höhle vollendete kratzend ihre Zeichnung von Anna mit der Opalkette.
Daneben ritzte sie ein Rad.
Weil Binka Annas Besuch nicht aus der Erinnerung der Höhlenzeichnerin gewischt hatte, wurde sie wegen ihrer Erzählungen über die Besucherin bald von der Sippe ausgestoßen: Keiner wollte glauben, was sie er-

zählte. Sie irrte durch die Fremde, nährte sich von Beeren, kleinen toten Tieren und wurde leider vom letzten noch lebenden, äußerst hinterlistigen Wesen mit zwei Köpfen und entsprechenden Mäulern gefressen. Diese Tiergattung starb auch deshalb aus, weil das eine Maul dem anderen Maul nichts gönnte, obwohl beide Köpfe auf einem Hals saßen. Sie rissen sich die Fleischstücke gegenseitig aus dem Maul, bis sie verhungert waren.

Anna kehrt heim

Die Zeichnung der hochbegabten Steinzeitgöre von Anna mit Fleischkeule und Halskette blieb über Jahrtausende hinweg erhalten. 1950 wurde sie von Höhlenforschern entdeckt und in einem Buch veröffentlicht. Dort hatte Annas Vater sie entdeckt. Die Zeichnung daneben, die vom Rad, war bei einem leichten Erdbeben vom Felsen abgespalten worden und zerbröselte auf dem Höhlenboden. Doch bevor das geschah, entdeckte sie Jahrzehnte nach Annas und Binkas Besuch ein anderer Steinzeitmann. Als er die Zeichnung des Rades in der Höhle betrachtete, machte es in seinem noch immer recht kleinen Zweibeiner-Hirn »Klick!«, und mit riesiger Angeberei gab er das Rad als seine ureigene Erfindung aus.
Dabei war es, wie wir jetzt alle wissen, Anna Huber vom Assenbauernhof in Oberbayern, die der Menschheit eine der wichtigsten und sie auch im wahrsten Sinne des Wortes voranbringende Idee geschenkt hatte.

*

Auf dem Regenbogen entfleuchte der vom Braten übersatten Anna ein kleines Bäuerchen. Sofort entschuldigte sie sich bei Binka. »Aber«, fügte sie hinzu, »das war

die beste Schweinshaxe, die ich je gegessen hab.«
»Es war eine Säbelzahntigerhaxe«, gab Binka trocken zurück.
Anna stieß einen kurzen Schrei aus: »Säbelzahntigerhaxe? Oh Mist, hoffentlich bin ich nicht vergiftet!«
Binka lachte: »Beruhige dich! Du bist nicht vergiftet. Dir werden jetzt nur die gleichen Säbelzahntigerhauer wachsen. Aber daran wirst du dich sicher gewöhnen.«
»Wachsen sie schon?«, rief Anna aufgeregt. »Wo ist der Spiegel! Binka, du musst was dagegen machen!«
Sie sah sein lachendes Gesichtchen und wusste, dass er sie reingelegt hatte: »Du bist ja so was von mies!«
Binka lachte weiter und sagte: »Du hast da was auf der Stirn. Da muss ich dich abtupfen.«
Anna ahnte nichts. Binka hüpfte in seinem unnachahmlichen Drei-Bein-Stil auf sie zu und wischte ihr mit seiner Hand über die Stirn.
»Was war da denn?«
»Ach, nichts«, antwortete Binka, »nur ein Erinnerungsfleck. Ich wollte sicher sein, dass du dich nicht mehr an deinen Besuch bei der Steinzeitsippe erinnerst, an die Fleischkeule vom Säbelzahntiger, oder dass du so ganz nebenbei für die Menschheit das Rad erfunden hast.«
Anna sah ihn fragend an: »Wo war ich? Und das Rad soll ich erfunden haben? Binka, du wirst albern. Hast

du zu viel Farbe getrunken?«
Binka war glücklich: Alles wieder in Ordnung in der Vergangenheit! Aber würde das bei Annas Unternehmungslust so bleiben?
Er hatte größte Zweifel daran und entschloss sich zu handeln, gab sich ein ernstes Gesicht, und selbst seine Barthaare legten sich in ordentliche Strähnen. Dazu wuchs er um über einen Meter. Gleich groß wie Anna stand er ihr gegenüber.
Anna sah ihn erstaunt an. »He! Du bist ja so groß wie Zapp!«
»Aber ihm sonst in nichts ähnlich«, meinte Binka beleidigt und sprach feierlich weiter: „Anna, ich muss dich nach Hause bringen. Sonst bricht mir die ganze Vergangenheit auseinander und auch die Gegenwart, und nicht mal ich weiß, was das für die Zukunft bedeutet.«
»Ich hab doch gar nichts gemacht«, maulte Anna, doch war sie innerlich erleichtert, denn die Sehnsucht nach ihren Eltern wurde immer heftiger. Nach all den Abenteuern fühlte sie sich ein bisschen erschöpft. Immer öfter hatte sie an Mama und Papa gedacht, an Emmeran, an ihre anderen Freundinnen und Freunde in der Schule. Sie nickte zustimmend: »Binka, du hast recht. Fliegen wir heim. Aber bis vor die Haustür, nicht dass

ich wieder durch die nasse Wiese laufen muss, und der Ganter hinter mir her ist.«

Binka atmete auf. Doch im gleichen Moment schlich sich eine große Traurigkeit in sein Herz: Ohne Anna die nächsten Millionen Ewigkeiten? Ob er sie vielleicht überreden sollte, wenigstens für den Klacks von einer Million Jahren noch bei ihm zu bleiben? Mist: Er selbst hatte ihr vorgeschlagen, nach Hause zu fliegen. Haach, schnaufte er, ich werde schon so wankelmütig wie die Zweibeiner! Nein, nein, nein, ich muss hart bleiben! Ihm fiel etwas ein, was ihn jubilieren ließ: Er könnte ja weiterhin um die Erde fliegen und alle Bösewichter durch sein unsichtbares Auftreten der Lächerlichkeit preisgeben, wie er es zusammen mit Anna schon gemacht hatte. So könnte er Hunger und Elend von der Erde vertreiben. Ja, schwor er sich, genau das werde ich tun!

Er räusperte sich, beobachtete, wie Anna sich im Farbenspiegel schon zurechtmachte, indem sie mit einem Kamm aus Gelb und Broxitl, was, wie jeder weiß, wie Heimweh mit Karottensaft leuchtet, die Haare kämmte.

Anna sah ihn an. »Binka, du siehst ja richtig traurig drein!«

Binka lenkte ab: »Nimm doch ein bisschen Parfüm!«, riet er und presste aus den Farben Grün, Botzl (Meereswellen mit Albernheit) und Sakyr (Fliegenpilz mit ehrlicher Entschuldigung) ein paar Tropfen auf seine Hand. Anna roch daran: »Oh, das riecht ja super!« Sie tupfte mit ihren Fingern die Flüssigkeit hinter die Ohren und rings um ihre Opalkette auf das Shirt. »Mmmmm!«, machte sie dazu. »Ich rieche besser als Mama zu Weihnachten.«

Binka lachte. »Du bist mit Sicherheit das am Geheimnisvollsten duftende Mädchen unter euch Zweibeinern. Allerdings nur bis zur nächsten Wäsche.«

»Nie wieder wasch ich mich!«

Sie sah nach unten und entdeckte die Türme des Münchener Doms. »Ui, gleich bin ich daheim!« Sie klatschte in die Hände.

Ihr Klatschen wurde von einem entsetzlichen Jaulen und Brüllen übertönt. Selbst Binka erschrak. Zu Recht, denn was nicht nur die zwei auf ihrem Regenbogen sahen, sondern auch hunderttausende Menschen, war zum Grausen: Zapp, der Verwurmte, trieb mit einer Peitsche seinen »Regenbogen« an. Der bestand allerdings nicht aus Farben, sondern aus hunderten von grässlichen, noch nie zuvor von Zweibeinern gesehenen Ungeheuern mit Riesenschwänzen, endlos scharfen Krallen an beschuppten Beinen, mit wütend fauchenden und brüllenden Mäulern, schlagenden Flügeln

aus Schuppen. Sie waren paarweise angespannt, zogen Zapp in einem wie aus Baumstämmen gefertigten Kasten hinter sich her über den Himmel. Je näher dieser Zug des Schreckens kam, desto mehr zitterte Anna. Die anderen Zweibeiner auf der Erde schrien vor Schreck.
»Binka, rette uns!«, rief Anna.
Der sprang, wieder in normaler Kleinheit, zwischen den Farbsträngen hin und her, zog und drückte an ihnen.
»Jetzt hab ich's!«, rief er, und wie der Blitz drehte er den Regenbogen. Er flog auf Zapp zu, tauchte kurz vor dessen Ungeheuern nach unten weg und stoppte. Über sich sah Anna die entsetzlichsten Viecher, die nach ihr schnappten und sie anbrüllten. Anna machte sich ganz klein und hörte Zapps metallene Stimme: »Komm rauf, du elender Zwerg mit Deiner Anna, dieser hässlichen Kröte! Das zahl ich euch heim, mir meinen Regenbogen kaputtzumachen und mich im Erdalter zurückzulassen! Komm rauf! Stell dich, du charakterloser Zwerg, der sich bei den widerlichen Zweibeinern einschleimt!«
Binka zuckte zusammen. Der letzte Satz hatte ihn getroffen: Zapp hatte ja recht! Aber das hätte er auch anders ausdrücken können. Wütend grapschte er sich die schärfsten Farben und stach damit von unten in die Bäuche der Ungeheuer. Die jaulten in Schmerz auf, rissen an den Zügeln. Zapps Untier-Gespanne verknote-

ten sich zu einer um sich beißenden Urviecher-Kugel. Der Verwurmte wurde in seinem Kasten wild herumgeworfen, die Würmer auf seinem Körper flogen von ihm ab, er schimpfte los und schrie: »Du Dreckszwerg, sei ein echtes Dreibein und lass uns dieses Duell in der Frühzeit der Erde austragen!«

Anna hatte sich schreckensstarr in einem Farbenhügel vergraben.

»Einverstanden«, rief Binka. »Aber ich muss erst Anna nach Hause bringen.«

»Geht klar!«, kam Zapps metallene Stimme zurück, »schmeiß die Kröte endlich runter!« Anna beobachtete, wie sich die Wut-Kugel von Binkas Regenbogen entfernte, sich langsam wieder zu Gespannen wie vor einer Kutsche formierte und immer kleiner wurde, bevor sie mit einem letzten Geräusch, wieder einer Art Pups, vom Himmel verschwand.

*

Die meisten Menschen, die diesen Kampf beobachten konnten, lagen schreiend, weinend oder einander tröstend auf dem Boden.

*

Anna befreite sich aus ihrer Farbenschutzhülle. Sie zitterte und hatte Tränen im Gesicht, die sie sich jetzt mit ihrem Ärmel wegwischte. Von Binkas Kopf tropf-

ten Farbkügelchen, die jetzt genauso bleich waren wie sein Gesicht.
»Ich will wirklich heim!«, flehte Anna.
Binka nickte nur stumm. Er konnte vor Schrecken kein Wort hervorbringen. Sanft ließ er seinen Regenbogen in Richtung Assenbauernhof gleiten. Anna beobachtete, wie sich unten auf der Erde zigtausende Autos in Bewegung setzten, um ihrem Regenbogen zu folgen. Doch der war schneller. Schon sah Anna den Hof ihrer Eltern. Der Regenbogen senkte sich in den Hof des Huberbauern. Anna umschloss fest Binkas winziges Händchen. »Das war die oberaffengeilste Reise, die ich je gemacht habe!«
»Für mich auch«, flüsterte Binka, während sich seine Augen mit Tränen füllten.
»Ich hab noch einen letzten Wunsch: Zeigst du dich bitte meinen Eltern?«
Binka wiegte sein Köpfchen hin und her.
»Bitte, Binka, Du bist so ein hübsches Dreigebein. Ich hab dich auch ganz doll lieb.«
Der Zwerg errötete mal wieder. »Also gut! Aber nur, weil du so viel Abwechslung in mein ewiges Leben gebracht hast.«
Er strich an sich runter. »So, jetzt können mich deine Eltern in voller Pracht sehen.«

*

Anna sprang aufs Hofpflaster und drehte sich zu ihm hin: »Zick Nick Nack Nobel Dibobel Dibibel Dibinka, du Erster und Letzter und vor allem schönster aller Regenbogenzwerge, du bist mein alleralleralllerbester Freund auf ewig!«

Binkas drei Beinchen verknoteten sich vor lauter Verlegenheit. Er entschnurrte sie wieder, sprang auch vom Regenbogen herunter. Gerade wollte er etwas antworten, als beide Zapps furchtbare Stimme über den Hof hallen hörten: »Binka, du Giftzwerg, wo bleibst du? Bist du so feig wie ein Zweibein? Ich erwarte dich in der Erdfrühzeit, links auf der großen Wiese, wo die drei kaputten Raumschiffe verrosten.«

Anna erschrak, doch Binka lachte beruhigend: »Brauchst keine Angst um mich zu haben, Ich kenne fliegerische Tricks, die sogar Zapps Würmern einen Riesenschrecken einjagen werden.... Oh«, unterbrach er sich, »da stehen ja deine Eltern.«

Anna drehte sich um und sah Mama und Papa vor Schreck wie gelähmt in der Tür stehen.

Anna strahlte, winkte ihren Eltern zu. Als sie zum Abschied auf Binka nieder sah, räusperte der sich tapfer, trat mit zwei seiner drei Beinchen einen Schritt nach vorne, reckte sich hoch, umarmte Annas rechtes Knie

und drückte einen dicken, schmatzenden Kuss darauf.
»Ich dich auch, Knutschkugel«, flüsterte Anna und strich Binka über die Glatze.
»Jetzt hat er sie doch aufs Knie geküsst«, stammelte ihre Mutter.
»Hau ab zu deinen Eltern!« grummelte Binka verlegen und schubste Binka zu ihnen hin. Anna lief los, doch Mama und Papa starrten weiterhin den dreibeinigen Zwerg an, der auf den Regenbogen sprang.
Binka zeigte auf Anna und rief den Eltern zu: »Euer Töchterchen ist die neugierigste, coolste, hartnäckigste, tapferste Zweibeinerin, der ich je begegnet bin. Ach, wenn eure Tochter doch drei Beine hätte!«
Jetzt erst umarmten die Eltern ihre heimgekehrte Tochter.
Plötzlich rannte von hinten Emmeran an ihnen vorbei und sprang mit einem Riesensatz auf den Regenbogen.
»Jetzt bin ich dran!« rief er Binka zu und krallte sich trotzig in den Farben fest.
Binka war genauso überrascht wie Anna und ihre Eltern.
Der Zwerg wollte Emmeran runter schubsen, doch Anna rief ihm zu: »Nimm ihn doch mit, lieber Binka! Wenn nicht, fang ich sofort an zu weinen!«
»Nur das nicht!« stöhnte Binka, zog an der Farbe

Flutsch – also Pferdeäpfel mit Fernweh – und schon löste sich der Regenbogen von der Erde. Emmeran winkte Anna und ihren Eltern triumphierend zu, während der Regenbogen immer blasser werdend am Himmel verschwand.
Anna nahm die Hand ihres Vaters, drückte sie und fragte mit scheinheiliger Stimme, während sie ins Haus gingen: »Papa, warum hast du damals von der Fixnerbäuerin die Eier stibitzt? Ich hab dich nämlich dabei beobachtet! Kannst du mir das erklären?«

ENDE

(oder Fortsetzung mit Emmeran)

Bibliografische Information der Deutschen Nationalbibliothek
Die Deutsche Nationalbibliothek verzeichnet
diese Publikation in der Deutschen Nationalbibliografie;
detaillierte bibliografische Daten sind im Internet
über *http://dnb.dnb.de* abrufbar.

Illustrationen: Stephan Schmauke

1. Auflage 2025
ISBN 978-3-00-081068-8

Eigenverlag Brigitte Frank unsel. Erben
Hauptstr. 21, 25572 Ecklak
Tel. 04825 12 98 / info@eigenverlag-brigittefrank-unsel-erben.de

Cover- und Buchgestaltung: Stephan Schmauke, Bonn

Lektorat: Gabriela Ratajszczak

Druck und Verarbeitung: L&C Printing Group Krakau

Printed in Poland